Korsika

von Lutz Redecker

Seite 19

■ Intro

■ Magazin

Seite 34

Seite
23

Seite
47

Im Blickpunkt

■ Unterwegs

ADAC Quickfinder

Seite
60

Seite
62

Umschlag:

ADAC Top Tipps: Vordere Umschlagklappe, innen ❶

ADAC Empfehlungen: Hintere Umschlagklappe, innen ❷

Übersichtskarte Korsika Nord: Vordere Umschlagklappe, innen ❸
Übersichtskarte Korsika Süd: Hintere Umschlagklappe, innen ❹
Stadtplan Bastia: Hintere Umschlagklappe, außen ❺
Ein Tag in Bastia: Vordere Umschlagklappe, außen ❻

Zu diesen Orten und Sehenswürdigkeiten finden Sie Detailkarten im Innenteil des Reiseführers.

Zeit nehmen, Zeit vergessen

Korsika zum Entspannen, zum intensiven Erleben und zur Erinnerung daran, was intakte Natur alles bedeuten kann

Badevergnügen auf den Lavezzi-Inseln im Naturschutzgebiet Bouches de Bonifacio

Die Griechen der Antike kannten die Insel als »kalliste«, die Schönste. Viele Völker haben seitdem ihren Fuß auf diese einzigartige »île de beauté« gesetzt. Zuletzt folgten auf die knapp 500-jährige Herrschaft der Italiener 1768 die Franzosen und im 20. Jh. unzählige Urlaubsgäste. Viele, viele Besucher zehren im heißen korsischen Sommer von dieser Schönheit, die trotz steigender Gästezahl auch in der warmen Jahreszeit eine Vielzahl von Rückzugsorten zur Erholung bietet. Vor allem jedoch kann der Besucher ein Gefühl von Weite erfahren, denn an fast jedem beliebigen Ort an der Küste offenbaren sich faszinierende Panoramen: felsig markante Küstenkonturen und ein tiefes Blau, wie es nur wenige Orte kennen. Das Meer blitzt in allen erdenklichen Blau- und Grüntönen, je nach Sonnenstand im Tagesablauf. Eingefasst von koralligen, mineralischen und perlenden Sandstränden – bisweilen sogar mit karibischem Flair. Oder begleitet von kleinen Inseltupfern und genuesischen Türmen auf exponierten Felsvorsprüngen – mancherorts dann nur noch per Schiff erreichbar. Der Parc naturel régional de Corse umschließt

de Girolata oder den Îles Sanguinaires. Neugierde wird hier reichlich belohnt. Denn die Topografie ist in ihrer Form und Geologie äußerst vielfältig: die Jaspis-farbigen Felsskulpturen der Calanche, die schroffen Granit-Felssteige, weich modulierte Monolithe in engen Schluchten, plötzlich in die Tiefe abfallende Berghänge und schwarz glitzernde Strände am Cap Corse. Auch hier lockt viel exzentrische Natur.

Weiter im Inselinneren wechselt die Vegetation von der lieblichen Casinca über die dicht bewaldete Castagniccia zum kontrastreichen Fium'Orbu, dem

2000 km Wanderwege schlängeln sich durch die Höhenzüge Korsikas (unten) – Der Genueserturm auf der Parata-Halbinsel im Westen von Ajaccio (ganz unten)

an der Küste bisweilen geradezu exzessive Landschaftsgebilde. Und vom Naturreservat La Scandola an der Westküste sind vom Boot aus gelegentlich Mönchsrobben, Delfine, Kormorane und Fischadler zu sehen.

Gewiss, die Insel vom Meer her zu erleben hinterlässt unvergessliche Erinnerungen, sei es von der Meerenge im tiefen Süden, der Boca di Bonifacio, aus – oder vom Golfe d'Ajaccio, vom Golfe

Auf dem Fernwanderweg »Tra Mare e Monti« (oben) – Der Frühling ist für viele die schönste Reisezeit auf Korsika (Mitte) – Schroffe Felsen und dichte Wälder prägen die Gebirgsregion Alta Rocca (unten)

Die Kraft, sich zu regenerieren

Das Parfüm Korsikas heißt »maquis« – oder »mucchiu« auf Korsisch. Denn intensive Düfte aus Ginster, Lavendel, Thymian, Myrte, salzig riechender Mittelmeerstrohblume und anderen ätherischen Kräutern überziehen die Insel. Es ist immer wieder eine Überraschung, zu erleben, wie sich die Natur auf Korsika trotz der zeitweiligen, intensiven Beeinträchtigung durch die Menschen ihren Raum schafft. In den weniger erschlossenen Regionen der Insel dominieren ganz besonders die Elemente Luft, Wasser und Gestein. Wuchernde Vegetation, Wohlgeruch und feine Düfte – alles eine einzige Aromatherapie im Spiegel der Jahreszeiten. Sonne, Regen und Wind, im Winter auch als Sturm, glätten und reparieren kontinu-

alpin-kargen Niolo und zur wenig besiedelten Alta Rocca. Sie wird dabei begleitet von allen nur erdenklichen mediterranen Formen und Farben.

ierlich die verletzte Natur, die immer wieder starker Trockenheit und Waldbränden ausgesetzt ist.

Die Natur der Insel verwöhnt auch ganz im Turnus der Jahreszeiten. Jede Zeit verleiht der Insel, die kürzlich sogar in sieben unterschiedliche Klimazonen unterteilt wurde, ihren ganz besonderen Reiz. Naturliebhaber und Trekkingfans haben auch dafür gesorgt, dass trotz der zentralistischen Verwaltung Frankreichs die Insel oft ihren eigenen Vorstellungen zur Erschließung und zum Naturschutz folgen kann. Hunderte von Kilometern lassen sich auf bekannten und weniger bekannten Pfaden wie dem »Mare e Monti« oder dem »Mare a Mare« erlaufen, erspüren und erschnuppern. Der Inselwanderweg von Nordwest nach Südost, der GR20, gilt als einer der schönsten Wanderwege der Welt. Das Innere Korsikas mit seinen kurvig-

engen Straßen und seinem 365 000 ha umfassenden Regionalpark – fast 50 % der Inselfläche – erlebt allerdings nur, wer sich ausgiebig Zeit dafür nimmt.

Aus der Natur in die Natur fallen

Vom Wassersport in allen erdenklichen Variationen bis hin zu Fallschirmspringen und Canyoning reichen die Angebote für Aktivurlauber. Tauchbasen bieten das nötiges Gerät, und wer will, kann beim Schnorcheln besonders an der Westküste in kristallklarem Wasser mit viel Weitsicht blaue Wunder erleben. Viele strahlend weiße Segel bevölkern im Sommer das Meer. Seeluft ohne eigenes Schiff schnuppern lässt sich in den meisten Häfen. Dort kann man zwischen Seekajaks, Surfgerät und Segeljollen wählen.

Noch mehr Adrenalin? Dann ist River Rafting, Steilwandklettern oder Canyoning vielleicht eine Alternative. Beim

Kosika – hier an den Cascades de Purcaraccia – ist ein Paradies für Canyoning-Fans

Bavella-Massiv und den benachbarten Schluchten geht's da auch mal von hohen Felsen kopfüber oder mit ver-

» *Vivez heureux aujourd'hui, demain il sera trop tard« – »Lebt heute glücklich, morgen wird es zu spät sein.* **«**

Aus: »La ballade de chez Tao« von Jacques Higelin für die Piano-Bar Chez Tao in Calvi (1986)

schränkten Armen in die Tiefe glasgrüner Bassins – auch unter Anleitung. Gut erschlossen für Freizeit- und Familienangebote ist die leicht zugängliche Ostküste mit ihren geschäftigen Feriensiedlungen zwischen Bonifacio, Porto-Vecchio und Aléria. Kontrastreich passen sie sich den Bedürfnissen ihrer Gäste und deren Wünschen zur Freizeitgestaltung an – teils in schön eingewachsen Orten und Résidence-Anlagen sowie mit einer Infrastruktur, die alle Komfortansprüche erfüllt.

Zugleich hat die Insel eine große Dichte an Campingplätzen, oftmals harmonisch in die überbordende Natur eingebettet. Das trifft auch auf die B & Bs bzw. »chambres d'hôtes« zu, denn die Korsen lieben ihre wilde Landschaft. Und je weiter es in die Höhen der Inselmitte geht, umso naturnaher und versteckter können die Unterkünfte und Ferienwohnungen liegen, wie das Netzwerk Gîtes de France Corse zeigt.

Was treibt die Korsen an?

Im oftmals waldreichen Landesinneren liegt Corte, einst Hauptstadt eines unabhängigen Korsikas. Seine bezau-

Die imposante Zitadelle von Corte überragt die »heimliche Hauptstadt« der Insel

bernde Altstadt mit Zitadelle auf einem Felsvorsprung ist fast der geografische Mittelpunkt der Insel. Aber vor allem mit seinem Musée de la Corse und der Universität ist Corte Bewahrer kultureller Traditionen. Erstaunliches bietet – wie auch in Calvi oder Bastia – der Mehrstimmengesang. Als sozialer Kitt und immaterielles Weltkulturerbe finden hier alle erdenklichen Gefühle zwischen Blutrache und Hochzeit, Trauer oder Ritual Eingang. Die Polyphonie greift auch die Suche nach dem verlorenen Paradies auf. Worauf auch der auf dem Kirchplatz von L'Île-Rousse unter der Büste von Pasquale Paoli eingravierte Spruch verweist: »Ich wage zu sagen, dass mein ganzes Leben der Freiheit gewidmet war.« Viel der korsischen Eigenart klingt in diesem Gedanken bis in die Gegenwart nach.

Hauptstadt Ajaccio (69 000 Einw.)

Sprache Französisch

Währung Euro

Verwaltung Korsika bildet eine eigene Region Frankreichs mit zwei Départements.

Fläche 8680 km² (etwa halb so groß wie Thüringen)

Einwohner 330 000

Höchster Berg Monte Cinto (2706 m)

Tourismus Ca. 2,6 Mio. Touristen jährlich, v.a. aus Frankreich, Italien, Deutschland und der Schweiz

Religion Römisch-katholisch (92 %)

··

Oft gehörte Redewendung
»Ne jetez pas la saleté dans le puits qui vous donne de l'eaux.« (»Wirf keinen Schmutz in den Brunnen, der dir Wasser gibt.«)

Darin sind die Korsen Weltmeister Den größten Naturpark Europas im Vergleich zur Fläche der Region geschaffen zu haben, nämlich knapp die Hälfte der Insel (365 000 ha)

Berühmteste Korsen
Pasquale Paoli (1725–1807, Widerstandskämpfer), Alizée Lyonnet (*1984, Sängerin), Laetitia Casta (*1978, Model) und natürlich Napoleon Bonaparte (1769–1821)

Magazin

Die Elemente Wasser, Erde und Luft lassen sich auf Korsika in intensiven und vielseitigen Varianten erleben: Die Eigenart dieser außergewöhnlichen Landschaft, umgeben vom tiefblauen Mittelmeer erklärt schon ein wenig den Charakter der Korsen, die in den vergangenen Jahrhunderten leidenschaftlich für ihre Insel gekämpft haben. Und sich von exponierten Buchten her verteidigten.

Bald nachdem der Jetset in den 1970er-Jahren Calvi für sich entdeckte, gewann mit dem erweiterten Sporthafen die Hauptstadt der Balagne immer mehr Zuspruch. Zahlreiche Nachtschwärmer zieht die Stadt an, Bars und Discos machen die Nacht zum Tag. Rasch ist die prächtige Zitadelle der lebhaften Altstadt erreicht, ein Spaziergang an dem von Pinien umgebenen Strand dauert ein wenig länger.

Markante Granit-Felsskulpturen, Zeugen der Jahrtausende, sind keine Seltenheit auf Korsika. Sie umgibt – wie hier in Palombaggia –, neben einer ebenfalls vom Klima geformten Pinie, ein weiß glitzernder Sand sowie zauberhaft kristallklares Wasser. In der Tat: Wer auf der Suche nach einzigartigen Naturlandschaften ist, liegt in Korsika genau richtig.

Beste Reisezeit Korsika

März	April	Mai

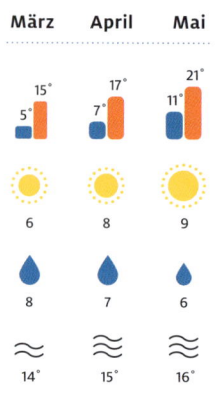

15° / 5°	17° / 7°	21° / 11°
☀ 6	☀ 8	☀ 9
💧 8	💧 7	💧 6
≈ 14°	≈ 15°	≈ 16°

Die Bedeutung der Symbole:
(Angaben sind Mittelwerte)

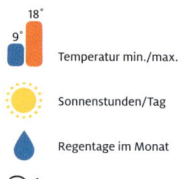

18° / 9°   Temperatur min./max.

☀   Sonnenstunden/Tag

💧   Regentage im Monat

≈   Wassertemperatur

Im Frühjahr ist die Pflanzenvielfalt einmalig

FRÜHLING

Eine ausgezeichnete Zeit für Unternehmungen, ob Aktivurlaub, Stadterkundungen oder Rundfahrten

Vielleicht hatte Charles Rocchi bei seiner »Hymne a ma Corse« den korsischen Frühling im Hinterkopf. Doch eigentlich lässt sich die Intensität der sinnlichen Eindrücke in dieser Jahreszeit kaum mit Worten umschreiben, wobei Düfte und Klänge außerordentlich intensiv erscheinen. Bereits im März locken die ersten warmen Sonnenstrahlen die auf Korsika noch heimischen Smaragdeidechsen aus ihren Winterverstecken. Wer sich nun an windgeschützten Mauern am Meer aufhält, kann ein erstes Sonnenbad genießen. Der April bringt dann auch spürbar wärmere Temperaturen. Das Meer ist allerdings noch sehr frisch und bringt nur Hartgesottene in Versuchung. Zugleich sind der April und Mai hier gelegentlich sehr launische Monate, die auch Hagel, Wind und Nässe bringen können, Regenjacken sollten auch an Sonnentagen den Rucksack füllen. Auf den exponierten Hochebenen zischt der Wind über die Felder und fühlt sich oft noch winterkalt an. In Sachen Witterung gibt es also im Frühling von allem etwas, manchmal an einem einzigen Tag. Zugleich fühlt sich die Sonne an wärmeren Tagen bereits richtig wohltuend an.

Es ist eine prima Zeit, um sich auf Erkundungstour zu begeben. Wer die Macchiablüte, sattgelbe Ginsterhecken und Felder mit Mittagsblumen erleben möchte, findet ab Ende April ein buntes Blütenmeer zwischen der Küste und der niederen Bergregion. Die größte Vielfalt an Blütenpracht breitet sich jetzt bis in die mittleren Höhen aus, und die Insel bezaubert mit großartigen Panoramen. Für viele Korsika-Liebhaber gibt es nun keinen schöneren Platz am Mittelmeer.

Die Westküste verfügt über zauberhafte Tauchgründe

SOMMER

Endlich Badewetter – Sonne und wohlige Wärme, die Körper und Geist verwöhnen

Gewiss, die Wochen von Mitte Juni bis Ende August sind die Hauptreisezeit für einen Urlaub auf Korsika. Viele Familien aus Frankreich und Italien nutzen die langen Sommerferien. Wer Sonne pur mag, fühlt sich an den Stränden wohl: Das Meer hat nun laue 25 °C und mehr … die optimale Zeit für Sonnenanbeter und Wasserratten. Es ist daher auch die Jahreszeit, in der sich Besucher in allen erdenklichen Wassersportarten versuchen können, von Stand Up Paddling über Kayaking und Schnorcheln bis hin zum Tauchen mit Pressluftflaschen und ausgiebigen Segeltörns an der Küste. Ihnen ist es zu warm am Meer? Kein Problem, es reicht, den Tipps der Einheimischen für Ausflüge in die Berge zu folgen! Viele Korsen, die nicht im Tourismusgewerbe arbeiten, ziehen jetzt »nach oben«, will sagen: ins Gebirge. Und genau dort finden sich immer noch abgelegene und ruhige Orte für all jene, die es nicht ganz so heiß wollen. In mittleren Höhen lässt sich nun gut wandern, während die baumfreien, höheren Zonen des GR 20 oder des Wanderwegs Mare e Monti natürlich einer intensiven Sonnenstrahlung unterliegen. Dort heißt es, ganz früh oder erst ab dem Nachmittag unterwegs zu sein.

Juni	Juli	Aug.
25°	28°	28°
14°	16°	17°
11	12	11
3	1	2
20°	23°	24°

Im Herbst besticht die Laubfärbung der Kastanienwälder

HERBST

»La Corse en Couleur« … Farben und Düfte der herbstlichen Wälder und einsamen Pfade

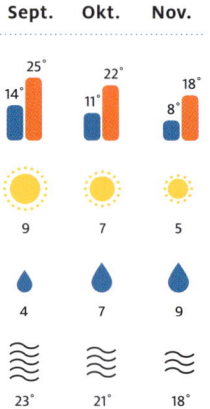

Sept.	Okt.	Nov.
25° / 14°	22° / 11°	18° / 8°
9	7	5
4	7	9
23°	21°	18°

September und Oktober, ja sogar der November sind eine attraktive Reisezeit für Korsika. Der Tourismus ist deutlich abgeebbt, und die Pracht der Landschaft lässt sich auf einsamen Pfaden genießen. Im Herbst fließt der Verkehr auf den Hauptachsen am Meer sehr flüssig, und so ist eine Rundfahrt um die Insel ab Ende September eine entspannte Angelegenheit. Die Abgeschiedenheit des Inselinneren, etwa auf der Strecke von Bastia oder L'Île-Rousse über Corte nach Ajaccio, ist nun unmittelbar zu spüren, und eine Umrundung des Cap Corse ist von nun an eine echte Genusstour, die kein Stau in den Ortschaften auf dem Weg beeinträchtigt.

Das Meer trägt noch die Wärme des Sommers in sich, und Wassertemperaturen um die 20°C Grad sind keine Seltenheit. Von den höheren Berglagen bietet sich häufig eine tolle Weitsicht, und die Kastanienwälder zeigen ein farbenreiches Gesicht. Die klaren Herbsttage laden zum Wandern ein. Die großen Trekkingrouten sind nun kaum besucht, und im Hochland beginnt bereits die kalte Jahreszeit, zumindest, was die Temperaturen in der Nacht betrifft. Aber viele der Hütten bzw. Rifugi sind bis Ende Oktober geöffnet, und die Gäste erwartet vielerorts in den Abendstunden ein knisterndes Feuer an einem großen Kamin. Daher: Den Herbst im Hinterland zu erleben oder die Küsten bei angenehmen Temperaturen zu erkunden, kann eine attraktive Option sein und sollte gut geprüft werden. Zwar herrscht im September für viele Betriebe noch Hochsaison, aber der Oktober bietet für Reservierungen am Meer und in den Bergen viel freien Raum. Die noch geöffneten Unterkünfte gewähren jetzt auch interessante Preise.

WINTER

Klare und stille Wintertage – die Berge und Wälder der Insel zeigen sich in friedlichem Antlitz

Kann es sein, dass die Korsen Winterschlaf halten? Gut, die meisten Unterkünfte an der Küste sind geschlossen, doch die Ruhe an vielen Orten, besonders im Hinterland, ist fast gespenstisch. Zugleich fasziniert die Melancholie betagter, in Herbstnebel gehüllter Ortschaften in dieser Zeit. Über die fast menschenleeren Piazzen der Küstenstädte fegt die Tramontana, der kalte Nordwind. Nun gehört die Insel wieder den Einheimischen und jenen, die den Mut haben, sich auf das »andere« Korsika einzulassen. Viele Restaurants und Hotels haben nun geschlossen, was eine Reise etwas erschwert. Doch es finden sich Wege, und die Belohnung folgt auf dem Fuß – zu keiner anderen Zeit fühlt sich die Insel so ursprünglich an. Oft ist die korsische Berglandschaft von Schnee bedeckt, und bis an die Westküste blinzelt der Schnee der Bergspitzen hinunter. Aktivurlauber zieht es nun zum Schneeschuhwandern und auf Skitouren in die Berge. Zwischen Weihnachten und Neujahr reisen viele Wahl-Korsen auf die Insel – die Städte leben nun kurz für das Weihnachtsfest auf.

	Dez.	Jan.	Feb.
🌡️	14° / 5°	13° / 4°	14° / 4°
☀️	4	4	5
💧	9	9	9
〰️	15°	14°	13°

Das »andere« Korsika offenbart sich in den Wintermonaten

Alles vom Land direkt auf den Tisch

Die korsische Küche ist kein Abbild der französischen, nimmt aber Einflüsse aus Italien und Frankreich auf. Insbesondere die Küche Liguriens, der Toskana und Südfrankreichs stehen ihr nah.

Korsikas Küche ist bodenständig und verwendet bestes Olivenöl, Kräuter und Spezialitäten der Region – von Kastanienmehl, Ziegenkäse oder Pasta hin zum bekannten Vin Muscat. Die ursprüngliche Küche war vor allem auf das Nötigste ausgerichtet. Was selbst angepflanzt wurde, diente als Grundlage und half den Bewohnern in schlechten Zeit zum Überleben: etwa ein guter Vorrat an Gemüse, Saubohnen, Kastanienmehl und Olivenöl. Männer schafften Wildschweinfleisch und Süßwasserfisch heran – doch die Korsen besaßen nie eine große Fischermentalität. Der geräucherte Schinken, »prisuttu«, wurde in die Keller gehängt, dazu Stockfisch, »baccalau«. Und aus Ziegen- und Schafsmilch werden der Frischkäse Brocciu und der Weichkäse Brébis gemacht.

DIE CHARCUTERIE CORSE

Die Märkte Korsikas, hier in Ajaccio, sind wie geschaffen für Gourmets

Die frei gehaltenen Schweine ernähren sich in den dichten Wäldern von bestem Naturfutter, darunter Kastanien, Bucheckern und Eicheln. Das verleiht den korsischen

Porcu nustrale: In der Alta Rocca sind halbwilde Schweine keine Seltenheit

Fleischwaren ihren typischen Geschmack. So entstehen besondere Wurst- und Schinkenspezialitäten, die ein AOP-Qualitätssiegel erhalten. In »Asterix auf Korsika« hinterfragt Obelix als Experte in Wildschweinfragen diesen Umstand: »Sind das wilde Hausschweine?« fragt er. »Nein! Das sind domestizierte Wildschweine«, antwortet ihm ein Korse und denkt schwelgerisch an »prisuttu«, den luftgetrockneten Rohschinken. Ebenso begehrt: »lonzu«, gepökeltes, luftgetrocknetes Schweinefilet, sowie alte, luftgetrocknete Salami in vielen Varianten und Blutwurst aus dem Topf, außerdem frische Pasteten mit Myrte. Eine Besonderheit ist »figatellu«: Leber, aromatisiert, geräuchert oder gegrillt. Auch die Ziegenhaltung ist weit verbreitet, der geschmorte Ziegenbraten, »cabri«, und Lammkeule, »gigot d'agneau«, stehen häufig auf der Speisekarte.

DER FISCHREICHTUM KORSIKAS

Der Fischfang aus den tiefen Gewässern vor der Insel versorgt mit Goldbrassen, Doraden, Wolfsbarsch oder Meerbarben. Langusten kommen vom Nordzipfel der Insel. Kennen Sie die Seespinne, »araignée de la mer«? Diese Spezialität findet sich vor allem im Hafen von Centuri. Und zwar bei der Rückkehr der Fischer. Dann gelangen diese Krabben mit überlangen Armen gleich zu Beginn an Land, anschließend werden sie unversehrt in Käfigen im Hafenbecken aufbewahrt. Die Beine und Scherenfüße gleichen Spinnenbeinen, sie verfügen über hakenartige Borsten, an denen sich Algen und Pflanzen verklemmen und dadurch Tarnung geben. Die Männchen sind mit großen Scheren ausgestattet.

In den Küstenorten bestimmt fangfrischer Fisch die Speisekarte

EIN BLICK AUF DEN FANG IN CENTURI

Weitere Schalentiere gelangen mit dem Fang im Hafen von Centuri an Land: zum Glück immer noch Langusten, Hummer und Gambas – dank strenger Regeln. Auch Haifisch, weißer Thunfisch und Schwertfisch tauchen gelegentlich im Fang auf. Sie werden mit lebenden Ködern in großen Tiefen gefischt. Der Loup du Mer bzw. Wolfsbarsch kommt hin und wieder in riesigen Exemplaren vor, die Rotbarbe in eher kleinen Varianten. Der Seeteufel, hier Lotte genannt, ist, ähnlich wie der rare Petersfisch, »St-Pierre«, eine kleine Sensation beim Blick über die Reling der pittoresken Fischerschiffe im hohen Norden von Korsika. Einfacher ist es jedoch, im Restaurant nach einer »aziminu« zu suchen, der korsischen Version der Bouillabaisse aus Marseille. Häufig ist auch eine große Platte mit vielen verschiedenen Fischfilets im Angebot, etwa vom Seeteufel oder vom Wolfsbarsch, mitunter auch von der Languste.

CANNELONI AU BROCCIU

Bei diesem Gericht ist der italienische Ursprung klar auszumachen, die italienische Pasta kommt in Röhrchenform. Bei der Füllung geht es um den bekannten Frischkäse Brocciu, der in diesem Fall mit gehackten Mangoldblättern sowie einigen Pfefferminzblätter und Ei verfeinert wird. Mit einer Tomatensoße überzogen wird das Ganze im Ofen gegart. Ein Gericht, das geradezu geschaffen ist für Vegetarier.

GAUMENKITZLER MIT ZITRONENAROMA

Eigentlich ein fast normaler Käsekuchen? Doch was als »fiadone« auch als Dessert auf den Tisch kommt, wird mit wenigen, elementaren und besten Zutaten hergestellt: dem Frischkäse Brocciu, Ei, Zucker und geriebener Zitrone in einem festen überlieferten Verhältnis. Nicht selten wird ein lokaler Schnaps hinzugefügt, der aber auch durch Vanille ersetzt werden kann. Der Kuchen hat keinen Boden und sollte kalt serviert werden. Die hochwertige Qualität garantiert ein Frischkäse, der aus Ziegen- oder Schafsmilch im Frühsommer gewonnen wird, wenn die Wiesen besonders saftig sind und vor Kräutern nur so strotzen. Beliebt sind seit jeher auch Macchia-Honig, Feigenmarmelade, Obstkonfitüren und Liköre mit besonderen Geschmacksnoten wie Myrte, Bitterorange, Kastanie oder Zedrat-Zitrone.

In aller Munde

Fleur du Maquis

Gewiss, der Ziegenkäse aus Korsika ist legendär. Und es gibt viele feine Unterschiede, die Kenner gern hervorheben. Die wichtigste Sorte ist ohne Zweifel der Fleur du Maquis (frz. »Blume des Maquis«) – ein Rohmilchkäse mit langer Tradition. Aus der Molke entsteht bei seiner Herstellung der bekannte Frischkäse Brocciu mit AOC-Prädikat. »Maquis« bezeichnet das typische, aromatisch duftende Unterholz, in dem viele Kräuter gedeihen. Und genau in diese Aromen wandern die gelagerten Laibe vor dem Verpacken. Currykraut, Wacholder, Oregano oder Fenchelsamen sind Bestandteile einer Mischung, die stets unterschiedlich ausfällt und über die die Produzenten schweigen. Auch über die Dauer, die Milch zu er-

Der Ziegenkäse Fleur du Maquis

wärmen, und die anschließende Lagerung in den Grotten verlieren die Hersteller – die vielerorts auf den korsischen Wochenmärkten anzutreffen sind – wenig Worte. Der fertige Fleur du Maquis ist quadratisch oder rund, etwa 10–15 cm im Durchmesser und wiegt bis zu 500 g. Seine Rinde ist essbar. Hervorstechend ist sein milder Duft und seine leicht säuerliche Note. Zunächst ist der bisweilen elfenbeinfarbige Fleur du Maquis halbfest. Mit fortdauernder Lagerung, in einem Keller auch für Monate, wird er cremiger und kräftiger im Geschmack.

Kastanienbier und Geschichte der Castagniccia ganz nah

Korsika ist berühmt für sein Kastanienbier »Pietra« sowie »Castagnaccio«, ein Kastaniengebäck. Leider geht die Zahl der Kastanienbauern zurück, und ein Parasit bedroht die Bäume. Zum Glück besteht Hoffnung für den Weiterbestand der Kastanienwälder.

Eine Spezialität Korsikas: Kastanienbier

Der »esodu del paesu«, die Landflucht, nimmt zu, und alte Dörfer entleeren sich langsam. Und während der inselgrößte Abnehmer, der gefeierte Produzent Dominique Sialelli von »Pietra«, über seine steigende Nachfrage auch junge Leute motiviert, in die Kultivierung der Maronen einzusteigen, lauert eine weitere Gefahr: die Gallwespe. Ein Schädling, der schon vor Jahren über junge Bäume vom Festland kam und heute zu rigiden Kontrollen bei der Einfuhr von Pflanzen geführt hat. Seit einigen Jahren schreitet diese Plage – mal stärker, mal weniger stark – voran, und Wissenschaftler in Paris arbeiten intensiv an Bekämpfungsmethoden. Denn es steht viel auf dem Spiel. Mit dem Aus der Kastanien würde ein wichtiges kulturelles Erbe getroffen werden.

UNTER DER REGIE PISANISCHER MÖNCHE

Ohne die Kastanienwälder mit ihren oft jahrhundertealten Esskastanienbäumen wäre Korsika nicht das, als was es sich heute gerne präsentiert: eine stolze und sich eigenständig gebärende Insel. Seit Menschengedenken säumen im Bergland knorrige Kastanienhaine das unwägbare Gelände, seit ebensolanger Zeit arbeiten sich Menschen hier alljährlich durch das Unterholz, um die Nahrungsquelle nicht versiegen zu lassen. Hungersnöte konnten durch die Marone gemindert oder gar verhindert werden. Eine gesteigerte wirtschaftliche Ausbeute der Kastanienwälder entstand bereits im 14. Jh. unter der Regie pisanischer Mönche, die dafür sorgten, eine wichtige Nahrungsquelle zu erschließen. Und so ist die Erhaltung der legendären korsischen Kastanienwälder von Generation zu Generation weitergegeben

Das Dorf Peri in der Castagniccia – umgeben von dichten Kastanienhainen

worden. Denn mit der Kastanie stieg und fiel die Bedeutung vieler Dörfer in der Kastanienregion Castagniccia. Bei Piedicroce und in der Vallée d'Orezza wissen die Alten noch gut Bescheid über tragische Ereignisse lange vor den Weltkriegen. Dörfer bzw. Familien, die damals kein »seccatoio« für das Trocknen der Kastanien bzw. keine Mühle, und sei sie noch so klein, für die Wintervorräte an Mehl hatten, galten als abhängig. Das Volkskundemuseum von Cervione vermittelt lebhafte Eindrücke vom zyklischen Auskommen der Kastanienbauern und dem Alltag in den oft winzigen Dörfern auf sonnigen Felsvorsprüngen oder an rauschenden Flüssen.

VOM LEBEN IN DEN WÄLDERN
Beeindruckend ist eine Rundfahrt durch die Castagniccia. Denn hier hat sich im Lauf der Jahrhunderte eine ganz besondere Synergie zwischen der Haltung der halbwilden regionalen Schweinerasse und den Kastanienhainen entwickelt. Lokale Bauern schwören auf die herbstliche »Diät« ihrer Schweine mit Maronen. Um diese aufzustöbern, durchpflügen die Schweine geradezu das Terrain und sorgen dafür, dass Sauerstoff und Regen an die Wurzeln der Kastanienbäume gelangt. Die berühmte korsische Schweinerasse ist also Nutznießer der Wälder und pflegt diese gleichzeitig. Die Besucher und Bewunderer dieser alten Kulturlandschaft erfahren dabei, dass in den Dörfern der Castagniccia keineswegs der Zufall regierte, sondern Leben und Natur eng miteinander verwoben waren.

Besichtigung von Brauereien

Führungen in der Brauerei Pietra werden im Juli und August unter der Woche angeboten, in den übrigen Monaten nur für Gruppen nach Vereinbarung (Route de la Marana, Furiani, Tel. 04 95/30 14 70, www.brasseriepietra.corsica, Dauer ca. 30 Min.). Die kleine Brauerei Ribella in Patrimonio bietet täglich eine Verköstigung von Kastanienbier und weiteren Sorten, je nach Jahreszeit und Produktion (Route Saint-Florent, Patrimonio, Tel. 06 23/16 41 25, www.ribella.fr).

Korsika für Zuhause: Kulinarisches und Kunsthandwerk

Korsisches Handwerk und regionale Produkte stehen hoch im Kurs. Viel Flair haben die regelmäßig stattfindenden, ländlichen Märkte – sei es in der Castagniccia, dem Nebbio, der Casinca oder der Balagne. Diese vier Regionen sind sehr aktiv, was Wochenmärkte betrifft. Im Sommer findet sich hier die gesamte Geschmackspalette von Produkten aus der Region zwischen »mare e monti« bzw. Meer und Bergen!

KÖSTLICHKEITEN VON DER INSEL

In Poggio Mezzana bei Moriani-Plage geht es zwischen April und Ende November am Sonntag in aller früh los: Produzenten von besten Früchten – alles aus der unmittelbaren Nachbarschaft – bieten Konfitüren, Pestosoßen und köstliches, in Öl eingelegtes Gemüse an. Getrocknete Steinpilze sind das ganze Jahr über im Angebot. Im Herbst folgt gut gelagerter Ziegenkäse aus dem Frühjahr. Neben Wurstspezialitäten, etwa Nackenschinken vom Wildschwein, finden sich auch auf traditionelle Weise gebackene Kekse.

Richtig im Abseits befindet sich Arcarotta, zu erreichen über kurvenreiche 30 Minuten auf der D 71 von Cervione. Sonntags im Juli und August kommen hier allerhand Köstlichkeiten auf den Tisch, besonders beliebt ist der herbe Kastanienhonig. Die Kleinanbieter des »mercatu« präsentieren mit viel Ambiente auf 800 m Höhe unzählige Varianten eines Paté vom Wildschwein, frisch zubereitete »migliacci« (Frischkäsefladen) auf Kastanienblättern und ofenfrisches Brot, außerdem Canistrelli-Gebäck sowie Nuss- und Kastaniencremeaufstriche. Oder kandierte Maronen! Und auch hier sind reichlich Obst und Gemüse sowie Weine und Liköre im Angebot.

Der korsische Honig auf dem Markt von Ajaccio bewahrt den Duft der Macchia

MÄRKTE ZUM VERLIEBEN

Um Süßes zum Schlemmen geht es dann am letzten Augustwochenende im Hauptort der Castagniccia, in Cervione. Es ist die Zeit des Haselnussfestes. Diese kommen hier in Keksform oder als Aufstrich daher, als fein duftendes Haselnussöl und – wie sollte es anders sein – als Grappa-Variante. Wem die Castagniccia zu abgelegen ist, der versucht sein Glück in Ajaccio, L'Île-Rousse oder Calvi. Unter der Woche öffnet in Calvi der Lebensmittelmarkt ab 7 Uhr morgens im Marché Couvert mit viel Fischauswahl, Obst

Den aromatischen Aufschnitt zerteilen fein gearbeitete traditionelle Messer

und Gemüse. Der »piccolu marcatu« von Calvi ist vor allem Treffpunkt und Infobörse der nichtprofessionellen Anbieter aus dem Hinterland und findet nur Sonntags auf der Place du Monument aux Morts statt – kaum eine Spezialität der Region, die hier nicht im Lauf des Jahres angeboten wird. Und samstagvormittags betreibt Sartène seinen Textil- und Produzentenmarkt.

EDLE HÖLZER

Wer Holz liebt, findet allerorten Holzarbeiten auf den Märkten und in den Läden, etwa in der Oberstadt von Corte. Die Korsen sind ausgezeichnete Holzschnitzer und Drechsler. Von der Pfeffermühle über schön gemaserte Olivenholzschalen bis zu Holzlöffeln und Servierbrettern reicht das Angebot. Wer gern selbst schnitzt, besorgt sich ein klassisches korsisches Messer mit einem Heft aus Oliven-, Erlen-, oder Buchenholz und einer Klinge aus gehärtetem Stahl. Das Messer der Hirten, »curnicciolu«, ist ein leicht gekrümmtes Messer mit konkaver Klinge. Manche Geschäfte bieten rare Sammlerstücke an. Noch urtümlicher als manche Messer sind die Gegenstände aus Kork der Maison du Liège am Quai Jérôme Comparetti 97 in Bonifaccio.

Das perfekte Souvenir

Die Töpferei zeigt in vielen Teilen der Insel einen hohen Perfektionsgrad. Handgearbeitete Keramikwaren verfügen dabei über leuchtende Lasuren in vielen Farbschattierungen oder schillernde Farben mit traditionellem Dekor: Schalen und Gefäße, Teller und Becher und noch vieles mehr. Vertreten sind oft auch rein dekorative Gegenstände aus Ton, Porzellan oder Steingut. Eine prima Auswahl bester Qualität bieten etwa das Geschäft Ceramica di Pigna, die Poterie du Nebbiu (Oletta) und das Atelier Céramiste Julien Truchon in Patrimonio.

*Mit der Bimmel-
bahn lässt sich
Corte im Schritt-
tempo entdecken*

Traumhafte Strand-
tage oder Natur pur

**Korsika ist eine ideale Urlaubsregion für strandver-
wöhnte Familien. Wie in vielen Mittelmeerländern
werden die Kleinsten hier gut umsorgt. Alle be-
kannteren Strände sind bewacht, und was es wirklich interessant macht: Die meisten Strände an den
zauberhaften Buchten fallen sehr flach ins Meer ab.**

Viel Action

*Atemberaubende
Sprünge mit dem
Mountainbike
lernen Jugendliche
im Herzen des
Bavella-Massivs
(siehe u. a. www.
corse-canyoning-
parc.com oder
www.corsica-
forest.com)*

URLAUBSKASSE – MIT FAMILIEN-
ANGEBOTEN GELD SPAREN

Ausflüge mit der Familie können schnell die Urlaubs-
kasse belasten. Ein Besuch im Abenteuerpark bei Vizzavona oder in einem Canyoning-Park kann schnell ein
kostenintensiver Spaß sein. Kombi-Familientickets sind
da eine Option. Auch beim Transport können Familien
sparen. Die Tramway L'Île-Rousse–Calvi und das Zug-
netz zwischen Bastia, L'Île-Rousse und Ajaccio bietet
viele Vergünstigungen: Schüler/Studenten 25 %; Kinder
4–12 J. 50 %, unter 4 J. gratis (www.corsicabus.org).

FERIENDÖRFER, RESIDENCEANLAGEN UND FERIENWOHNUNGEN

Die zahlreich an der Ostküste vertretenen Feriendörfer verfügen meist über Wasserlandschaften, Swimmingpools und oftmals ein ambitioniertes Freizeitprogramm. Kleiner, und in allen Preislagen vertreten, sind die Residenceanlagen. Recht extravagante Beispiele hierfür liegen zwischen Solenzara und Porto-Vecchio. Eine preislich darunter liegendes Angebot bieten B & Bs, Maison d'hôtes und kleinere Hotels. Am kostengünstigsten sind Campingplätze an allen gut zugänglichen Küstenstrichen, die oft auch landschaftlich gut integriert sind. Attraktiv für Familien, die sich gern im ruhigeren Hinterland aufhalten, sind Apartments. Diese bieten meist mehr Platz und je nach Größe Terrassen bzw. Gärten. Elegante Landhotels in renovierten Gütern finden sich im Umland von Porto-Vecchio, Bonifacio und Sartène. In Frankreich recht populär, aber in der Hauptsaison aufgrund der starken Nachfrage nicht günstig sind die Gîtes de France, ein Netzwerk zur Wohnungsvermietung von privat an privat, nicht selten auch an abgelegenen Orten. Deutsche Anbieter wie Interchalet können bei Ferienwohnungen in Sachen Service, Qualität und Preis die Billig-Internetportale (mit einigen Preisfallen) durchaus in den Schatten stellen.

Badelandschaft
Perla di Mare, ein weitläufiges Feriendorf, bietet neben dem eigenen Strand bei Ghisonaccia eine tolle Badelandschaft (www.perla-di-mare.fr).

FÜR JEDE IDEE EIN PASSENDER STRAND

An der südlichen Ostküste reiht sich zwischen Solenzara und Bonifacio ein schöner Sandstrand an den nächsten, mal ganz feinkörnig, mal mit fast mehlfeinem Sand. Oder von schattigen Pinien umgeben – etwa der meist windgeschützte Golfe de Pinarellu, dessen Strand duftende Kiefernhaine säumen. Sein flaches Ufer eignet gut sich für Kinder zum Spielen. Junge und erfahrene Schnorchler finden eine vielfältige Unterwasserwelt nahe der Felsen an den südlichen Bereichen des Golfe de Ajaccio, am Golf de Valinco und am Golfe de Ventilegne, unweit von Bonifacio. An den Stränden von Santa Giulia, Palombaggia oder Rondinara können Kinder bequem plantschen gehen.

Auch auf Korsika liegt Stand-Up-paddeln im Trend

KINDGERECHTE KÖSTLICHKEITEN

Viele Restaurants verzeichnen Kinderteller auf der Speisekarte, etwa panierte Hühnerschnitzel, Hamburger oder Pasta-Gerichte. Crêpes in vielen Varianten sind bei den Jüngsten meist schon bekannt, Crêperien gibt's an vielen Orten. Tapas und leckere Vorspeisen werden oft ausgiebig als Hauptspeise serviert. Wurst und Salami lieben Groß und Klein auf Korsika. Das korsische Frischkäse-Omelette (mit Brocciu und Minze) verschlingen junge Korsen im Nullkommanichts. Brocciu ist Teil vieler feiner Mehl- und Nachspeisen.

Abenteuerpark Vizzavona
Wie wäre es mit einer 30 m hohen korsischen Kiefer, bedeckt mit Klettergriffen? Oder Seilrutschen, Seilstegen und Seilbrücken (www.corsicanatura-activites.fr)?

ENTDECKERTOUREN – KLEINE ABENTEUER

Korsika bietet ausgezeichnete Möglichkeiten für alle erdenklichen Sportarten. Angefangen von Seekajak-Touren und Schnupper-Tauchkursen in den Buchten der Ostküste (etwa am Golf von Saint-Florent und vielen weiteren Zentren) geht es zu Aktivitäten wie Kite- und Windsurfen. Surfschulen bieten Kurse für unterschiedliche Niveaus. Überall, wo im Sommer – und in der Nebensaison mit Wind auch andernorts – der Ponente genannte, nachmittägliche Westwind auftreten kann (etwa in Sagone oder Cupabia), begeben sich unternehmungslustige Jugendliche aufs Wasser. Populär sind auch Pferdetrekkings im Hochland, am Étang de Biguglia oder bei Galéria.

Schöne Wanderwege erschließen die Spelunca-Schlucht

DIE FANTASTISCHE UNTER-WASSERWELT ERKUNDEN

Die Insel bietet einzigartige Orte zum tauchen, und junge Tauchfans sind verzückt von den bunten Farben am Meeresgrund und der tollen Unterwasserwelt. Viele schwören auf »Tauchen pur mit dem Schnorchel« als unvergessliches Erlebnis. Und es lässt sich obendrein – ob mit oder ohne Tauchkurs – relativ leicht erlernen. Wo sind also die Hotspots? Berühmt ist die Küste der Isole di Lavezzi bei Bonifacio – einer Reihe mächtiger Felsen. Bekannt für geführte Tauchexkursionen ist auch die Region rund um den Leuchtturm Est du Phare. Es gibt tolle Felsenlabyrinthe, Unterwassertunnel und Grotten. Hier verstecken sich oft große Muränen. Die Sicht bei guten Wasserverhältnissen ist fantastisch. Das gilt auch für das Capo Rosso südlich von Porto. Dort fallen Felsen steil in das Tyrrhenische Meer ab. Die Farben sind überwältigend, an geschützten Stellen leben Korallen und Schwämme. Bunte Schwarmfische ziehen ihre Runden, hinter Vorsprüngen verstecken sich große Tintenfische. Ebenfalls bei Porto erstreckt sich das bekannte Naturschutzgebiet La Scandola – eine vom Festland kaum erreichbare zerklüftet Halbinsel, die vielerorts nur vom Meer aus zugänglich ist. Die Felsen, die steil in große Tiefen abfallen, sind am besten im Rahmen von organisierten Tauchgängen zu erreichen.

Die zauberhafte Plage de Palombaggia ist ein Paradies für Schnorchler

Leuchtende Augen

Eine willkommene Abwechslung vom Strandtag bietet sich im Gebirgsplateau bei Albertacce an der Strecke Corte–Porto (D 84). Hier geht es mit den freundlichen Eseln der Farm La Promenâne auf Almen, entlang des Stausees Le Golo, durch schattige Wälder und zu Abschnitten des GR 20 bzw. des Trekkingpfads Mare à Mare Nord. Oder auf Maultierpfade, die seit Jahrhunderten genutzt werden. Die gut auch an kleine Kinder gewöhnten Esel einer alten korsischen Rasse tragen das Gepäck und natürlich ermüdete Zweibeiner. Sie sind bei den Ausflügen der absolute Taktgeber und scheinen ihre Rolle, bei den Gästen im Mittelpunkt zu stehen, durchaus zu genießen (La Promenâne, 20224 Albertacce, Tel. 0615/29 25 64, www.randonnee-ane-corse.com).

Bringt die Insel Bikefreunde aus der Puste?

Bikefreuden und schöne Aussichten vom Sattel als Hochsitz: Kurve um Kurve, Hügel um Hügel. Eine Radtour von Bastia über Corte in die Balange.

Eine Herausforderung für ambitionierte Radler: der Col de Vergio

Feiner Regen liegt in der Luft, große Wolken hängen in den Bergen über Bastia. Geschäftig und modern präsentiert sich das Centre de Ville, die Straßen sind während der Rushhour mit Autos verstopft. Ein Katzensprung vom Zentrum entfernt liegt zum Glück der Étang de Biguglia, eine 1700 ha große Lagune, die als Vogelschutzgebiet ausgewiesen ist. So liegen die ersten 20 Kilometer – zur einen Seite das Meer, zur anderen Seite der Binnensee – schnell hinter uns. Zugvögel und Wildgänse fliegen ihre Formationen, der Duft der Macchia elektrisiert. Vor uns liegt eine sechstägige Tour über den höchsten Pass Korsikas und in den Norden der tiefgrünen Insel.

KASTANIENBIER UND KALTE BERGLUFT

Einen Vorgeschmack auf die prächtige Natur im Inselinneren gibt uns der Golo-Fluss, an dessen Ufer sich die Straße hinter Ponte Leccia langsam hochwindet. Für ein Debüt genau die richtige Strecke. Eine leichte Brise lässt plötzlich alle Wolken verschwinden. Sechs bis sieben Bikestunden von Bastia entfernt bleibt in der Dämmerung gerade noch genug Zeit, Corte, das geschichtsreiche Zentrum der Bergkorsen, zu erkunden.

Der Vermieter der kleinen Unterkunft am Fluss meint es gut mit uns. Ziegenkäse-Omelett und Kastanienbier lassen uns sanft in den Schlaf fallen. Seine lebhafte Beschreibung der Strecke zum Col de Vergio (1477 m), der am nächsten Tag vor uns liegt, bringt uns bereits um sechs Uhr auf die Straße. Wir erleben die Regina-Schlucht ohne Verkehr. Westlich vom verträumten

Castirla – nach der ersten Fahrtstunde – zieht sich roter Granitfelsen Hunderte von Metern über uns nach Westen. Die noch kalte Bergluft macht putzmunter. Tief unter uns plätschert der Golo vor sich hin.

Der glatte Asphalt schlängelt sich in vielen Windungen durch die enge Schlucht bis zum Kraftwerk auf über 1500 m Höhe am Stausee von Calacuccia, wo einst die ersten Verwaltungsbeamten aus Paris frische Sommerluft schnupperten. Nun geht es durch das größte zusammenhängende Waldgebiet Korsikas, den Valdo-Niello – wörtlich »Schwarzwald« –, zur Passhöhe. Ein Duftmeer folgt dem nächsten, Rinder bremsen einige Motorradfahrer aus. Im Wald von Aïtone wartet das nächste Spektakel: bis zu 50 m hohe Schwarzkiefern, die mehr als 500 Jahre alt sind. Weiter westlich lockt die Spelunca-Schlucht mit bizarren Felsformationen.

Wir flitzen nun vergnügt dem Meer entgegen, Kurve für Kurve wird die Luft wärmer, und plötzlich erscheint aus den Felsen geschält der tiefblaue Golf von Porto.

KURVIG UND GOTTVERLASSEN

Die folgende Etappe mit gut 85 km ist bei einer durchschnittlichen korsischen Sonnendauer von 14 Stunden im Sommerhalbjahr nur mit einem inneren Schmunzeln und einer Portion Gelassenheit zu machen. Nach Curzo mit endlosem Auf und Ab, Kurve für Kurve, folgen Macchia-Steppe und trockene Felsenlandschaften, so weit das Auge reicht. Erst mit dem Col de Palmarella genießt man wieder einen sagenhaften Ausblick auf das ferne

Natürliche Becken im Wald von Aïtone – viele Straßen im Süden folgen den Flussläufen

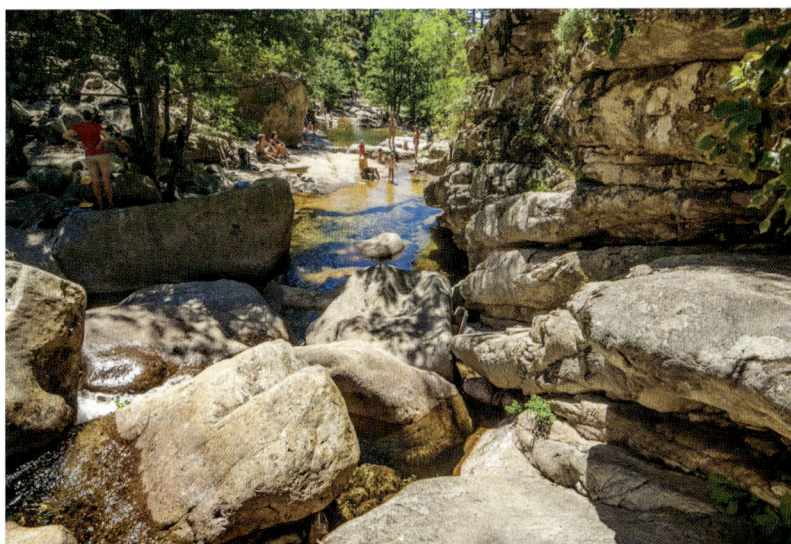

Meer. Hier weicht die gefährlich schöne Straße für eine gefühlte Ewigkeit dem Blick auf die Horizonte, während die Endorphine langsam zur Ruhe kommen. Frischer Wind dringt zum Glück ins Trikot auf der Talfahrt nach Olmo. Die Küstenstraße nach Argentella durchqueren wir fast allein. Am Kiesstrand mit lang ersehntem kühlendem Nass erinnern wir uns an die Übersetzung des Reiseführers von »balagne déserte« als gottverlassener Gegend. Kurz vor der Dämmerung kommt die Frage auf: Wie viele Kurven sind es noch bis Calvi?

PLATZ ZUM TRÄUMEN

Ein abendlicher Bilderbuch-Himmel liegt über der Bucht. Die Würfel auf dem Tisch der Auberge hoch über Calvi sind gefallen. Die Küstenstrecke über L'Île-Rousse soll es nicht sein – dafür die abgelegene Inlandstrecke über Feliceto nach Belgodère. Dort, wo sich einst genuesische Familien herrliche Landgüter errichteten. In der Tat: Je hügeliger die Nebenstraßen und durchlöcherter ihr Belag, desto spannender wird der Blick auf Land und Leute im Inland Korsikas. In diesen Orten, abseits vom Trubel an der Küste, ist zumindest in der Nebensaison noch Platz zum Träumen. So etwa in Parasu, was sich fast anhört wie Paradisu. Zwischen uralten Pinien, klassischen Villen, an denen der Putz bröckelt, vergessenen Barockkirchen und verwilderten Gärten lässt sich das Lebensgefühl der Vergangenheit nachempfinden. Nach unzähligen Fernblicken aufs Meer taumeln wir in die

Wer auf Nebenstraßen ausweicht, wird an vielen Stellen mit traumhaften Aussichten belohnt

Die sogenannte »Kastanientour« führt von Calvi hinauf in das Bergnest Speloncato

Osteria U Mulinu von Joseph Ambosini. Früher hat er für den Fußballklub von Calvi gekickt, jetzt widmet er sich ganz dem Kochen und abendlichen Pointen über den korsischen Charakter. Mit Hilfe der steinalten Mühlräder wird hier immer noch Olivenöl gewonnen, viel Flair haben die Gästezimmer. Nicht weniger reizvoll ist der alte Dorfkern von Speloncato und Belgodère.

Osteria U Mulinu
Route départementale 71, Feliceto, Tel. 04 95/ 61 73 23

ZURÜCK IN DER FERIENWELT KORSIKAS

Die Désert des Agriates, eine früher auf dem Landweg unerreichbare und unwirtliche Gegend – eine 150 km² große Felswüste – belohnt uns mit einer genussreichen, fast 11 km langen Abfahrt. Und so ist die 90-minütige Bergfahrt schnell vergessen. In der Ferne türmt sich unter kristallklarem Morgenhimmel der »Daumen«, also die Nordspitze Korsikas auf – gestochene Konturen bis zum Horizont. Immer wieder halten wir an und staunen. Das Restaurant U Santu in Casta mit eigener Frischwasserquelle ist nach der Bucht von Perajola ein willkommener Stopover. In Saint-Florent hat uns schließlich die Ferienwelt Korsikas wieder. Im nahen Val du Nebbio werden dagegen die besten Weine der Insel angebaut, und direkt auf dem Weg locken Degustationen.

Der letzte Pass an einem frischen und windigen Vormittag führt wieder in das belebte Bastia. Der aussichtsreiche Col de Teghime (540 m) – hinter dem Ort Piazze recht steil ansteigend – ist ein schöner Abschluss nach all den fantastischen Natureindrücken und schmucken Dörfern, die das Abseits in Korsika bietet. Natürlich lassen sich diese Streckenabschnitte auch einzeln erproben: Bastia–Corte 65 km, Corte–Porto 84 km, Porto–Calvi 87 km, Calvi–Feliceto 30 km, Feliceto–Saint-Florent 55 km, Saint-Florent–Bastia 26 km.

Die Spuren der Megalithkultur

Dolmen und Menhire – wer nach Korsika reist, kommt fast unweigerlich mit den monumentalen Zeugnissen aus der Jungsteinzeit in Berührung. Lassen Sie sich ein auf die archaisch anmutende Welt der Megalithkultur auf exponierten Hügeln der Insel.

Im Vergleich zur Bretagne sind die Menhire auf Korsika nicht ganz so häufig, doch die Anlagen von Filitosa und auf dem Plateau de Cauria warten mit durchweg sehenswerten Highlights auf. Die gewaltigen Hinkelsteine bildeten einst den Rahmen kultischer Handlungen. Menhire (bretonisch: »men« = Stein; »hir« = groß), wie die Giganten auch genannt werden, gibt es in ganz unterschiedlichen Anordnungen, wie Beispiele aus anderen Teilen Europas zeigen. Die kleineren Dolmen (bretonisch: »dol« = Tisch, »men« = Stein) erscheinen meist als Einzelgrabstätten mit senkrecht stehenden Steinplatten, auf denen eine große Platte aufliegt. Meistens ist der Dolmen zu einer Seite offen und somit begehbar. Es wird vermutet, dass diese Steintische ursprünglich komplett mit Erde bedeckt waren. Heute sind die meisten von ihnen freigelegt, sodass ihre Funktion für den Totenkult jener Zeit erkennbar wird.

EIN FRÜHES KULTURELLES NETZWERK?

Da sich an vielen Stellen in Europa Zeugnisse der Megalithkultur (griechisch: »megas« = »groß« und »lithos« = »Stein«) finden, hat manche Forscher dazu verleitet, einen gemeinsamen Ursprung dieser Kultur anzunehmen – etwa aufgrund der Übereinstimmung bestimmter Zeichen und Idole. Dennoch kann es sich durchaus, wie andere Strömungen behaupten, um universelle Ideen handeln, die ohne eine Kenntnis der jeweils anderen Kulturen ihre eigene Entwicklung einschlugen.

Faszinierend ist die Vielfalt der verschiedenen Stätten: von den Alleen des bretonischen Carnac zum englischen Stonehenge und vereinzelten Beispielen aus ganz Europa. Die Megalithkultur verweist auf eine Hinwendung zu einem starken Jenseitsglauben, der an den Kultstätten offenbar lebhaft praktiziert wurde. Der Ahnen- und Totenkult war wichtiger Bestandteil von Ritualen, die möglicherweise in der Verehrung einer großen Muttergottheit gipfelten. Die Verstorbenen, versorgt mit vielen Grabbeigaben, sollten in den monumentalen Totenhäusern, die für die Ewigkeit gebaut schienen, fortleben. Doch die Dolmen einer jungsteinzeitlichen Begräbniskultur zuzuschreiben, löst noch nicht die Frage, was die einzelnen Menhire und Steinreihen genau zu bedeuten hatten.

TONNENSCHWERE HINKELSTEINE

Bizarre Legenden ranken sich auf Korsika um die großen Steine. So sollten magische Kräfte, Zauberer oder Hexen für die Entstehung der Steinsymbolik verantwortlich sein.

Statuenmenhir der Megalither in Filitosa

Levie und das Pianu di Livia

Hoch in der Alta Rocca säumen eine 800 Jahre alte Kastanie und Laricio-Kiefern den Weg. Dann erreicht man die gigantischen Monolithe und ausgehöhlten Tafoni-Felsen, entstanden gegen Ende der jüngeren Bronzezeit (Ende des 2. Jt. v. Chr.). Von der aussichtsreichen Festung von Cucuruzzu – einem außerordentlichen Burgkomplex des prähistorischen Korsika – geht es zu der im Mittelalter vollendeten Anlage von Capula mit einem Menhir aus der Frühzeit, der einst von den einfallenden Torreanern zerstört worden war. *April, Mai, Okt. tgl. 9.30–18, Juni–Sept. 9.30–19 Uhr, auch geführte Gruppen, 5,50 €, erm. 3 €.*

Tatsächlich stellt sich die Frage, wie Menschen ohne größere technische Hilfsmittel Steine von mehreren Tonnen Gewicht aufeinanderschichten konnten. Archäologen haben jedoch gezeigt, dass es möglich ist, mit relativ einfachen Mitteln einen Dolmen zu errichten. Mithilfe von festgestampften Erdhaufen, an deren Rändern sich Löcher befanden, wurden mit Hebelwerkzeugen die Seitenplatten ins Erdreich gestemmt. Über eine Erdrampe konnte dann der Deckstein über Baumstämme auf die Seitensteine geschoben werden. Danach entfernte man die Erde im Inneren und hatte nun Raum für ein Grab. Über die äußere Erdrampe wurde weitere Erde über den Deckstein aufgeschüttet. Für diese Arbeiten waren mindestens 50 Männer und eine Handvoll Ochsen nötig.

KORSISCHE MENHIRSTATUEN UND TORREANISCHE KULTBAUTEN

Mit Beginn des korsischen Neolithikums (Jungsteinzeit; 7. Jt. bis Ende 1. Jt. v. Chr.) erscheint die erste Gruppe von Einwanderern. Es waren vermutlich Sammler, Jäger und Fischer. Die günstigeren landschaftlichen Voraussetzungen der Küstenregionen – mit flachen Küstenstreifen und fruchtbaren Tälern – dienten als Ausgangsbasis für die Landnutzung. Neben dem frühen Ackerbau betrieben die Hirten die Transhumanz, d. h. sie trieben die Viehherden im Sommer von den heißen Küstengebieten auf die Almen im Gebirge in mehr als 1500 m Höhe und vor dem Winter wieder hinunter an die Küste. Bis zur Ankunft der Torreaner lebte die korsische Bevölkerung der Jungsteinzeit meist recht friedlich unter Felsvorsprüngen und natürlichen Höhlen. Ihre Siedlungen waren nicht befestigt und lagen an aussichtsreichen Punkten, um die Herden zu kontrollieren.

Der 1,8 m hohe, Stazzona di u Diavulu (Teufelsschmiede) genannte Dolmen auf dem Plateau de Cauria

SELTSAME TURMBAUTEN

Im 2. Jahrtausend v. Chr. endete dieses friedliche Dasein, was mit einem zunehmenden Seeverkehr und der Entdeckung der iberischen Kupferlager einherging. An die Stelle offener Hüttendörfer treten nun Siedlungen mit zyklopischen Mauern und Türmen, die der Archäologe Roger Grosjean zuerst in Filitosa entdeckte und als typische Kultkonstruktionen »Torre« bezeichnete.

Die Träger der Torre-Kultur, die Torreaner, erschienen nach Grosjean ab etwa 1600 v. Chr. (mittlere Bronzezeit) auf der Insel. In zwei Gebieten Korsikas treten diese Bauwerke gehäuft auf: im Ornano (Sartenais) und im Gebiet um Porto-Vecchio. Grosjean geht davon aus, dass die Torreaner im Golf von Porto-Vecchio an Land gingen und hier die ersten Turmbauten, die noch keinen Wehrcharakter hatten, errichteten.

Ein Steinwall und Steinköpfe umrahmen eine Kultstätte in Filitosa

Von dort aus zogen die Torreaner schließlich in die Kerngebiete der Megalithiker an der Südwestküste. Dieses Vorrücken scheint aber nicht ohne Blutvergießen abgelaufen zu sein. Da die Torreaner mit langen Bronzeschwertern und Dolchen ausgerüstet waren, konnten sie die Megalithiker mit ihren Steinschleudern und steinernen Pfeilspitzen überwinden. In diese Phase fallen die Darstellungen erster bewaffneter Menhirstatuen, die nach Grosjeans Ansicht Siegestrophäen der getöteten torreanischen Feinde darstellen könnten.

Das Musée de Préhistoire Corse et d'Archéologie in Sartène

Kostbare Fundstücke der archäologischen Stätte von Cauria haben in diesem Museum eine neue Heimat gefunden. Doch auch viele Artefakte aus anderen prähistorischen Siedlungen gelangten in dieses Museum. Keramik, Schmuck, Metallobjekte, Werkzeuge, Obsidian-Pfeilspitzen und vieles mehr. Suggestive Skizzen geben einen Eindruck von den Bewohnern jener Zeit. Die Aussicht von der Terrasse des modernen Museums reicht bis zum Golf von Valinco (Rue Croce, Mo–Fr 10–17 Uhr, 4 €, erm. 2,50 €).

Auftritt des britischen Sängers Charlie Winston auf dem Porto Latino Festival im August 2012

Das Porto Latino Festival und A Morra

Seit nunmehr 20 Jahren geht hier Anfang August bei lateinamerikanischer Musik und Folk-Elektro-Fusion die Post ab. Musikalische Synergien aller nur erdenklichen Genres sind für vier Tage zum Greifen nah.

Sie kennen Septeto Nabori, Sergeant Garcia et Chico Trujillo, Kid Francescoli, HollySiz oder Etienne de Crécy nicht? Das macht überhaupt nichts. Denn das Unbekannte ist das Land der unendlichen Möglichkeiten. Während dem Festival von Saint-Florent einst rhythmische südamerikanische Musik, Latino-Combos, Flamenco-Künstler und brave afroamerikanische Traditionen den Weg in die französische Musikfestival-Liga ebneten, geht es inzwischen um einen kräftigen Stilmix, in dem auch kubanische Percussions oder Folk-Elektro vertreten sind. Und die bringen die Inselnächte bei der Genueser Zitadelle vier Abende lang auf Trab!

FUSION IST DER TRUMPF

Wie das Festival Calvi on the Rocks ist Porto Latino ein junges Festival zu dem sich Hunderte von Jugendlichen aus Ajaccio oder Bastia auf den Weg machen – gleich einer modernen Pilgerfahrt. Den Organisatoren des Saint-Florent Musikfestivals Porto Latino ist es vor allem gelungen, ein vielseitiges Programm zu gestalten, wie ein Blick auf die Listen der vergangenen Jahre zeigt. Da tauchen der italienische Popstar Zucchero mit südamerikanischen Balladen, Ibrahim Ferrer, Afro-Cuban All Star, Cucho Valdes, Manu Chao oder Havanne d'Primera auf. Das musikalische Repertoire ist so verlockend, dass es jedes Jahr recht eng auf dem Platz unter der Zitadelle wird. Und so warm, dass erst eine frische Meerbrise gegen Mitternacht den feiernden Partiegästen Kühlung verschafft (www.portolatino.fr).

KENNEN SIE »A MORRA«?

A Morra ist seit jeher ein Spiel der korsischen Hirten, um sich in den Bergen ein wenig zu amüsieren. Es gibt ähnliche Versionen aus anderen Ländern und Regionen. Man braucht keine Hilfsmittel bis auf die eigenen Hände und nicht mal einen Stift, wo doch mit einem Stock die Punktzahl in den Sand geschrieben werden kann!

Zwei einander gegenüber postierte Spieler halten jeweils eine geschlossene Faust vor den Körper. Bei einem Signal öffnet jeder Spieler seine Hand, wobei er so viele Finger (von einen bis fünf Fingern) hebt, wie er will. Im gleichen Moment muss er nun eine Zahl von zwei bis zehn ansagen. Punkte gewinnt der Spieler, der es schafft, die korrekte Anzahl aller Finger zu erraten. Mit entsprechender Gestik versucht jeder Beteiligte dabei auch ein wenig, sein Gegenüber zu bluffen.

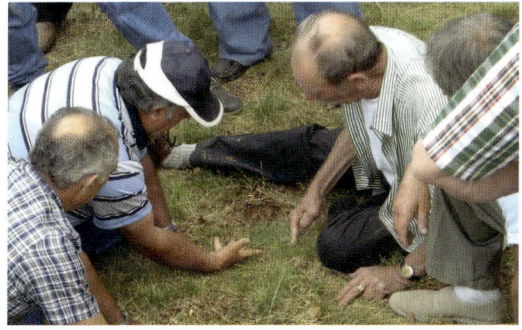

Morra-Spieler scheinen oftmals die Zeit zu vergessen

Korsika im Spiegel der Jahrtausende

Iberer, Phönizier, Ligurer, Phokäer, Römer, Westgoten, Langobarden, aber auch Sarazenen und ehemalige französische Kolonialbeamte: Sie alle prägten maßgeblich das Geschick der Insel und ihren starken Drang nach Selbstbestimmung und Autonomie.

DIE BLÜTEZEIT DER TORREANER

Filitosa

Die britische Archäologin Dorothy Carrington besuchte 1948 erstmals Filitosa und begann die Ausgrabungen.

Eifrige Archäologen forschen noch immer aktiv in der prähistorischen Stätte von Stantari

Mit dem ausgehenden Megalithikum, auf das noch heute zahlreiche Menhire und Dolmen verweisen, setzten sich langsam die Torreaner durch. Eindrucksvoll sind die Fundstücke und Türme (von ital. »torre« = Turm) dieser Zeit. Etwa in Filitosa mit Menhiren, die bewaffnete Krieger zeigen. Waren, wie behauptet, diese Stämme aufgrund ihrer moderneren Waffen überlegen oder assimilierten sie sich einfach nur besser an die Bedingungen der Insel als die Megalithiker? Es ist ein rätselhaftes Volk, das einst die ersten »Torri«-Türme errichtete und nach Ansicht der Archäologen – wie etwa der bekannten Engländerin Dorothy Carrington, die Filitosa seit 1948 intensiv erforschte – mit den Türmen sowohl rituelle Zwecke als auch Verteidigungsaufgaben verfolgte. Heute wird diese massive Steinblockanlage weiter untersucht, und ein Museum gibt Einblicke in den Stand der Forschung.

Die Römerstadt Aléria

Hoch über dem Tavignano-Fluss thronte Aléria und kontrollierte von hier aus die Insel. Das heute zum Museum umgebaute Fort de Matra zeigt antike Fundstücke und Grabbeigaben aus der Zeit der Phokäer, Griechen und Römer. In den Sälen finden sich edle Vasen, frühes Glas und Keramik. Erst Mitte des 20. Jh. wurde die heute sichtbare römische Stadt mit Forum und Gräbern zum Vorschein gebracht.

DAS ERBE DER RÖMER

Das Römische Imperium dehnte nach dem Ersten Punischen Krieg seine Kontrolle über Korsika aus (259 v. Chr.) und stieß auf starken Widerstand. Es sollte noch über 100 Jahre dauern, bis die endgültige Unterwerfung gelang. Um ca. 80 v. Chr. entstand die prunkvolle Colonia Julia mit über 20 000 Einwohnern, das spätere Aléria. Seine Herrschaft endete mit dem Einfall der Vandalen um das Jahr 450.

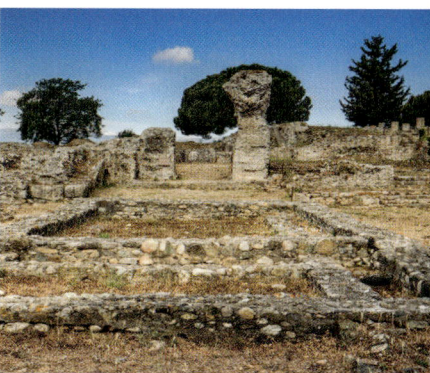

Die Anlage von Aléria brachte zahlreiche kostbare Funde zutage

DIE HERRSCHAFT GENUAS

Nach turbulenten Jahrhunderten, in denen nacheinander die Vandalen, Goten und Byzantiner Korsika eroberten und plünderten, fielen ab dem 9. Jh. auch noch die Sarazenen ein. Ab dem 12. Jh. entstand den Korsen mit den Feudalherren vom italienischen Festland das nächste Joch, welches die Einwohner immer wieder in Angst und Schrecken trieb. Jenes Treiben der »Signori« genannten Edelherren, die sich untereinander ungeniert bis auf das Blut bekämpften – und erstmals ihre Fehden nach dem Prinzip der »Vendetta«, der Blutrache, führten – sollte fortan das Schicksal der Insel bestimmen. Auch wenn Papst Urban II. dem eher friedfertigen Bistum von Pisa die Insel zuschrieb (1078), so erwiesen sich die aggressiven Genuesen auf Dauer als stärkere Partei. Mit der Seeschlacht von Meloria (1284) gewann Genua de facto die Macht über die Insel, die fast 500 Jahre andauern sollte. Sie bauten in der Folge eine koordinierte Verteidigung mit Türmen und Zitadellen auf. Sie diente

Sieg über Pisa
In der Seeschlacht bei der Felseninsel von Meloria schlug Oberto Doria am 6. August 1284 im Auftrag der Republik Genua die pisanische Flotte.

6.–8. Januar 1735
Der Rat von Orezza ruft unter Giancinto Paoli im Konvent von San Francesco in Corte die Korsische Republik aus.

der Sicherung ihrer Macht gegen Aggressoren wie auch einem strengen Regime über die Bevölkerung. Auch das Plebiszit von 1730, gefestigt durch den Vertrag von Corte 1732, in dem das mächtige Österreich sich für die Rechte der Korsen einsetzte, war nicht von Dauer. Da half es auch nicht, dass Giacinto Paoli (der Vater des bekannten Pasquale Paoli) mit Getreuen 1735 in Orezza die unabhängige Republik ausrief oder – fast grotesk – der exzentrische Deutsche Theodor von Neuhoff sich 1736 zum König von Korsika krönen ließ. Vielmehr war es die politische Schwäche Genuas, die schließlich zum Verkauf der Insel an Frankreich führte – geregelt durch den Vertrag von Versailles vom 17. Mai 1768 für 2 Mio. Lire. Dem ging allerdings ein historisches Ereignis voran, auf das die Korsen heute noch stolz sind. Der politische Visionär der Unabhängigkeit, Pasquale Paoli, wurde mit gerade einmal 30 Jahren 1755 zu einem anerkannten politischen Führer.

Die Îles Sanguinaires winden sich vor Ajaccio hinaus in das offene Meer

MIGRATION IM 19. UND 20. JAHRHUNDERT

Die rückständige Infrastruktur der Insel verbesserte sich nur langsam im Verlauf des 19. Jh., und so nahmen Armut und Hunger der Bevölkerung weiter zu. In diese Zeit fällt auch die Vernichtung großer Waldflächen im Zentrum der Insel. Die uralten Esskastanienwälder waren bis dahin die wichtigste Nahrungsquelle, wurde doch aus den Früchten Mehl gewonnen. Während die tapferen Korsen 1815 nochmals gegen die französische Herrschaft aufbegehren, sattelten viele Bewohner die Taschen. Es folgte die bis dahin größte Auswanderungswelle. Neben Italien, Nord- und Südamerika ging es auch in die französischen Kolonien bzw. auf das Festland, vor allem nach Marseille, wo heute mehr als geschätzte 70 000 Nachfahren von Korsen leben. Über 150 000 Korsen wanderten seinerzeit aus, und erst der Tourismus-Boom seit den 1970er-Jahren konnte diesen Trend stoppen. Doch der lang erhoffte Aufschwung in der Landwirtschaft bewog die französische Regierung dazu, Anfang der 1960er-Jahre annä-

hernd 20 000 Franzosen aus den ehemaligen Kolonien auf Korsika zu repatriieren. Diese gerieten schnell als fleißige und folgsame Bürger in Konflikt mit den Korsen, die sie geringschätzig »pieds-noirs« (ein Schimpfwort aus der algerischen Kolonie) nannten. Und so entstand bald neuer Konfliktstoff, der 1975 unter Edmondo Simeoni in der Besetzung eines Weinguts gipfelte. Der zugewanderte algerisch-französische Besitzer war wegen Panscherei angeklagt. Der korsische Nationalstolz scheint wie ein Katalysator des Aufbegehrens einer unterdrückten Identität durch eine über Jahrhunderte andauernde Fremdbestimmung zu wirken.

Der Delikatessenladen in der Altstadt von Corte hat sich vor allem auf Touristen eingestellt

Am Puls der Zeit

Tourismus – mal gut, mal weniger gut

In Anbetracht der sich inzwischen auf rund 3 Mio. Urlauber hinbewegenden jährlichen Ankünfte auf der Insel kommen leicht kritische Gedanken zum Thema Tourismus auf. Doch die Frage, warum die Insel von einem Mega-Erschließungswahn à la Costa Brava seit den bauwütigen 1970er-Jahren verschont geblieben ist, lässt fast ein Schmunzeln bei Korsika-Liebhabern aufkommen. Denn genau in dieser Zeit stellte Paris unter Georges Pompidou pompöse Erschließungspläne vor. Und diese nahmen mal wieder wenig Rücksicht auf die Belange der Bevölkerung. So entstand die Action pour la Renaissance de la Corse, kurz ARC. Zusammen mit der späteren FLNC übte sie Bombenattentate aus, die sich meist gegen nichtkorsische leere Hotels und illegal gebaute Feriensiedlungen und -häuser richteten. In der Folge ließen Großinvestoren oftmals die Hände von der Insel.

Cervione liegt in strategisch günstiger Lage knapp 400 m über dem Meeresspiegel

Cervione 1736: »La Corse aux Corses!«

Das Motto »Korsika den Korsen« machten sich nicht nur korsische Separatisten späterer Zeiten zu eigen, sondern auch ein gewisser Theodor von Neuhoff, der sich in Cervione 1736 zum König von Korsika krönen ließ – dem ersten und letzten König dieser Insel.

Der Abenteurer aus Westfalen schaffte es bis zum Kavalier in einem Pariser Reiterregiment und an den Hof von Versailles, bis er durch Spielschulden die französische Hauptstadt verlassen musste. Anschließend reiste er durch Spanien, England und Schweden und führte ein Wanderleben, bis er 1732 als Gesandter Kaiser Karls VI. nach Florenz kam. Dort knüpfte er Kontakte zu emigrierten Korsen, die ihn für den Aufstand der Inselbevölkerung gegen Genua gewinnen konnten. Er unterstützte sie mit dem Ankauf von Waffen und schiffte sich 1736 mit ihnen nach Aléria ein, um sich aktiv an den Kämpfen gegen die Genuesen zu beteiligen.

ZUM KÖNIG VON KORSIKA GEWÄHLT

Die Korsen schienen so sehr von ihm angetan zu sein, dass sie von Neuhoff unter gewissen Vertragsauflagen zum konstitutionellen Herrscher über die Insel ausriefen. Im Kloster von Alesani wählte ihn die Ratsversammlung prompt zum König. Theodor I. hatte fortan in Cervione zu residieren und entschied mit einem Parlament von 24 Korsen über Krieg und Frieden bzw. allgemeine Gesetze. Als König durfte er Korsen in weltliche und geistliche Ämter berufen. Es gelang ihm sogar, mit beschränkten Mitteln in den kurzen acht Monaten seiner Regierungszeit mit einem Heer die Genuesen aus Porto-Vecchio und Sartène zu vertreiben, Münzen zu prägen und Nahrungsmittel zu verteilen.

DURCH INTRIGEN UNTERLEGEN

Um die innere Ordnung zu sichern, bemühte sich Theodor I. um regelmäßige Soldzahlungen. Allerdings gelang es ihm weder, die inneren Konflikte alter Familienclans zu beseitigen, noch die von Bastia aus intrigierenden Genuesen zu vertreiben. Bald bildete sich eine starke Gegenpartei. So blieb ihm nur die heimliche Flucht: Im November 1736 verließ er die Insel nach Livorno, nachdem er einen Regentschaftsrat eingesetzt hatte. Kontakte zu jüdischen Kaufleuten in den Niederlanden und zu Engländern halfen ihm zwar, 1738 mit Waffengewalt in sein Königreich zurückzukehren. Doch die Genuesen und die Franzosen hatten sich gegen ihn verbündet, und die Ablehnung der Korsen sorgte dafür, dass er die Insel wieder verließ. Mittellos emigrierte er 1749 nach England. Dort warfen sie ihn, da er die Forderungen seiner Gläubiger nicht erfüllen konnte, in ein Schuldgefängnis. Erst ein englischer Freund, Horace Walpoles, der eine Schwäche für den adligen Abenteurer besaß, kaufte ihn 1755 wieder frei. In geistiger Umnachtung verstarb er ein Jahr später, und die Londoner setzten ihn in der Westminister Abbey bei.

Theodor von Neuhoff ging als einziger frei gewählter König von Korsika in die Geschichte ein

Der Sprung ins kalte Wasser!

Ein Spaß für Enthusiasten und Natur pur entlang der Flüsse des Bavella-Gebirges: mit und ohne Canyoning-Erfahrung zu den schönsten Naturspots.

Eine kleine Gruppe Jugedlicher im Neoprendress kommt an der Brücke Pont de Fiumicelli, rund 15 km westlich von Solenzara an der Strecke nach Bavella (D 268), begeistert vom Flussbett. Sie hatten gerade mit einem Guide den Fluss abgelaufen, bis hin zum höchsten Sprung von einer 8 m hohen Felsnase. Die Begeisterung steht ihnen noch auf der Stirn geschrieben. Bei ihrem Canyoning-Trip haben sie die Schlucht recht intensiv kennengelernt: klettern, springen und rutschen. Dann schwimmen und tauchen. Und so haben sie sich Stück für Stück durch die engen Schluchten des Rouisseau de la Vaccha, einem Nebenfluss der Solenzara, gekämpft.

KNIFFLIGE SIGHTS FÜR PROFIS

In den 1990er-Jahren war Canyoning in Spanien und Südfrankreich der letzte Schrei. Und vor zwei Jahrzehnten kam der Durchbruch auch in Korsika. Einige Dutzend verschiedener Canyons mit unterschiedlichem Schwierigkeitsgrad gibt es auf der Insel: von einfachen Durchwanderungen – »randonnées aquatiques« – mit einigen Rutschpartien und kleineren Sprüngen bis hin zu kniffligen und schweren Passagen, die eine große Portion Mut einfordern. Natürlich geht es auch um das Gefühl, mit der Gruppe ein Ziel zu erreichen, sich zu helfen und gemeinsam die Herausforderung zu bewältigen. Die Tour an der oberen Solenzara am Pont du Fiumicelli ist ohne besondere Canyoning-Erfahrung oder spezielle Ausrüstung machbar. Im Sommer lassen sich seine Bassins auch ohne Neoprenanzug erschwimmen – ein wunderbares Terrain für Anfänger.

Der Sprung ins kalte Wasser braucht zweifellos ein wenig Mut

Canyoning-Gruppe an den Kaskaden von Purcaraccia

MUT ZU SPRINGEN

Generell braucht man für das Canyoning jedoch spezielle Kenntnisse und Erfahrungen und sollte sich am besten mit einem Guide eines etablierten Anbieters auf den Weg machen. Wer möchte schon aus größer Höhe in ein Wasserloch springen, ohne seine Tiefe zu kennen? Wer Canyoning so richtig erleben will, wendet sich am besten an eine professionelle Agentur, die Touren zu den besten Canyons an den Flüssen Polischellu, Vacca, Trovone, Pampalone oder Purcaraccia anbieten. Diese Sights rund um das Bavella-Gebirge sind alle auf ihre Art recht knifflig – zum Teil mit nadelöhrdünnen Passagen, wo es auch mal ohne Kontakt mit dem Boden durch ein metertiefes Wildwasser geht, und anschließend weiter zum Schluchtenwandern mit spezieller Ausrüstung, Seilen und Klettergurten. Um eine Unterkühlung zu vermeiden, gibt es einen Neoprenanzug, was bei Wassertemperaturen von 12 bis 17 °C eine gute Wahl ist. Dazu spezielle wasserfeste Schuhe für einen sicheren Tritt auf den Felsen und im Wasser sowie einen Helm.

Die Anfahrt zum Pont du Fiumicelli erfolgt von Solenzara in Richtung Bavella-Pass. Nach ca. 8 km erreicht man das Hotel Fiumicelli bzw. den Campingplatz U Rosumarinu mit Parkplätzen. Bereits hier finden sich die ersten schönen Bassins zum Baden. Nach dem Campingplatz U Ponte Grossu mit großem Parkplatz gelangt man schließlich zur Fiumicelli-Brücke.

Traumpanoramen vom ausgestreckten Daumen

Bekannt als Kap von Korsika liefert die Halbinsel im Norden ein bildprächtiges Kaleidoskop an Eindrücken. Eine kurvenreiche Serpentinenstraße führt einmal um das Cap Corse herum und ist Schnittpunkt kleinerer Pisten und Straßen ins Innere der Region. Wer sich ein wenig auf Entdeckungstour begeben möchte, sollte daher mehr als einen Tag einplanen. Denn hier liegen Ortschaften und Weiler, die alle für sich einzigartig sind. Was sie verbindet, sind großartige Panoramen auf die Küste – wahrlich eine Strecke zum Staunen!

Die Tour auf einen Blick:

Start: Patrimonio **Ziel:** Bastia
Gesamtlänge: 118 km
Reine Fahrzeit: 4 Std. (Tagestour)
Orte entlang der Route: Nonza – Canari – Pino – Port de Centuri – Rogliano – Macinaggio – Erbalunga

E1 VON PATRIMONIO NACH NONZA
(15 km/30 Min.)

Vom Zentrum des Weinanbaus am Cap Corse geht es zum mittelalterlichen Nonza mit seinen hübschen Gassen

Die Einfahrt nach Nonza biete idyllische Ausblicke

Falls Sie Patrimonio noch nicht kennen: Es ist ein Zentrum der Weinproduktion mit zahlreichen Anbietern. Bekannt ist vor allem der aromatische Muscat vom Cap Corse. Das moderne Gebäude von Clos Santini, am Ortsrand von Saint-Florent her kommend, führt ein breites Angebot.
Weiter Richtung Kreuzung zum Cap Corse befindet sich der Töpfer Julien Truchon mit einer fantastischen Gebrauchskeramik. Bekannt ist der Ort auch für seinen »Nativu du Barbaggio«, eine Menhirstatue aus Kalkstein (ca. 1100 v. Chr.) im Park des Ortes.

ADAC Traumstraße: Etappen 1 bis 6 (Detailplan siehe Rückseite Faltkarte)

An der Küstenroute angelangt, eröffnet sich bei der Marine de Farinole ein großartiger Blick auf den Golf von Saint-Florent bis zu den Küstenorten der Désert des Agriates. Doch weiter geht es nach Norden. Einen Schlenker ins Inland macht die Route beim Zufluss des Olmeta nach Negru, einem ehemaligen Fischerort mit kleinem Strand, einer Bar und einem Hotel. Seine privilegierte Lage hat das nahe Nonza schon lange genutzt, und so entstand ein mächtiger Genueserturm. Einen tollen Blick hat man von hier auf die Plage de Baracataggio, und die nahe Cafébar La Sassa bietet den idealen Platz, um diese Sicht zu genießen. Ein kleiner und steiler Treppenstieg führt von der Hauptstraße zur Fontaine Santa Ghjulia, der Schutzpatronin des Ortes. Über ihn gelangt man auch zum Magazin Cédrat, einem hübschen Zitronengarten.

Nicht verpassen

Der Treppenstieg zum Magazin Cédrat liegt direkt an der dem Meer zugewandten Straßenseite nördlich der Ortsmitte.

E2 VON NONZA NACH CANARI

(16 km / 32 Min.)

Über kleine Bergnester unterhalb des Monte Cucaru erreichen wir den Hof der Ur(Zedrat)-Zitrone

Zu Canari gehört das Couvent Saint-François – es liegt wie der Ort oberhalb der D 80 (ausgeschildert). Für einen Weitblick lohnt sich auf jeden Fall die Piazza des Ortes mit ihrem Campanile, der wie ein Leuchtturm wirkt. In dem alten Franziskanerkloster von Canari (16. Jh.) sind eine schöne Sammlung historischer Kostüme aus dem 19 Jh. und historische Fotos zu sehen. Herrlich frisch ist die Luft unter den markanten Schiefergewölben in den

Couvent von Canari

www.canarivilla ge.com, 3. Juni– 7. Juli, 2.–30. Sept. Mo, Di, Do, Fr 10– 12.15, 16.30–19, 8. Juli–1. Sept. tgl. 10–13, 16– 20 Uhr, 2 €

Die Küstenstrecke am Cap Corse ist eine Meisterleistung des Straßenbaus

Les Cédrats du Cap Corse
Köstliches Confit von der Frucht, edler Likör und Kosmetik (Barrettali, südlich von Pino, www.lescedrats ducapcorse.com).

Achtung!
Manche der alten Treppenstiege bei Pino sind schon leicht mitgenommen – also gut auf den Weg achten.

Sommermonaten. Wie gut die Küste gegen feindliche Einfälle gesichert war, beweist ein weiterer Genueserturm weit unten in der Bucht von Marine de Scala.

Die frühromanische Kirche Santa Maria Assunta (12. Jh.) hat ein eindrucksvolles Portal mit symbolischen Gestalten und Tierköpfen. Nördlich des Ortes weist ein Schild auf Barretali bzw. Les Cédrats du Cap Corse, einer kleinen Hofanlage mit Produkten der Zedrat-Zitrone.

E3 VON CANARI NACH PINO
(14 km/30 Min.)
Pino präsentiert sich als eine kleine grüne Oase hoch über der alten Küstenstraße und lädt zum Entdecken ein

In der netten Bar des Platanes in Pino muntert ein Espresso auf. Diese Ortschaft mit zahlreichen Quartieren durchziehen romantische Treppensteige mit Glyzinien, umgeben von »maisons d'Americains« mit alten Gärten sowie zig Wehrtürmen, die sich auf einem kleinen Spaziergang entdecken lassen. Seit dem 19. Jh. lebten hier wohlhabende Familien, deren Villen einst reich ausgestattet waren – wie sich heute noch erahnen lässt. Den Ciocce-Turm (16. Jh.) und die umgebenden Häuser prägt ein markantes Schiefermauerwerk. Seneca soll angeblich vom römischen Kaiser Claudius in den am höchsten gelegenen Seneca-Turm verbannt worden sein.

E4 VON PINO NACH PORT DE CENTURI

(15 km/28 Min.)

Ein malerischer Fischerort im Windschatten der îlot de Capense mit fast unwirklichem romantischem Hafen

Im Zick-Zack-Rhythmus windet sich nun die Küstenstraße über den Weiler Morsiglia nach Centuri. Um seinen attraktiven Hafen gruppieren sich ehemalige Fischerhäuser, die nur ein Steg vom Wasser trennt. Für die Weiterfahrt von Centuri lohnt der nördliche Weg über die Weiler Canelle und Orche entlang betagter Ardesia-Mauern mit netten Häusern und einem sehr schönen aussichtsreichen Straßenabschnitt. Port de Centuri ist eine Domäne für genussvolles Speisen – es muss ja nicht unbedingt Languste sein. Der Ort ist bekannt für seine exzellenten Fischrestaurants. Wer hier übernachtet, erlebt viel vom Flair des Küstenortes. Beim ersten Tageslicht ziehen die Fischer aufs Meer.

Achtung!
In der Saison besteht am Abend eine bessere Chance, den Ort mit mehr Ruhe zu erleben.

E5 VON PORT DE CENTURI NACH MACINAGGIO

(21 km/45 Min.)

Straßen und Pisten führen zum äußersten Norden des Cap Corse und vom Bergnest Rogliano zur Ostküste

Nach knapp 4 km folgt im höher gelegnen Weiler Ersa eine Abzweigung mit Pisten nach Tollare und Barcaggio – zwei Orte, die durchaus einen Besuch lohnen, aber auch etwas Zeit einfordern. Von dort lassen sich gleichermaßen Sonnenaufgang und Sonnenuntergang über dem Meer beobachten und Strandwanderungen unternehmen. Vorbei am Wald von Tignese folgt nach

In Port de Centuri hat sich noch eine kleine Fischereiflotte erhalten

ca. 7 km das Bergnest Rogliano mit seinem idyllischen Kirchplatz von Sant'Agnellu mit weiter Aussicht. Diesen Ausblick gewährt auch das Hotel und Restaurant Sant' Agnellu unterhalb der Kirche. Von Rogliano aus kontrollierten im Mittelalter genuesische Familien die Region. Hinter dem Kirchplatz führt die erste Abzweigung links in die Via Olivo und von dort in die Via Vignalello, wo Isabella Orsi in ihrem kleinen Geschäft Zwiebel-Konfitüre, Kräutertees und Wildkräuter anbietet.

Nicht verpassen
Der Weitblick von der Freitreppe der Kirche von Sant' Agnellu in Rogliano ist fantastisch!

Gleich am östlichen Ortseingang von Macinaggio liegt das Geschäft Brocciu der Ziegenkäserin Sandrine de Maggio (allerdings nur Di, Do, Fr und So vormittags geöffnet). Ihr Rohmilchkäse ist köstlich! Der Ort mit großem Jachthafen ist gut zu Fuß zu erkunden. Wer etwas Zeit mitbringt, startet von hier zum Küstenpfad der Zöllner oder zum nahen Strand von Tamarone mit der vom Wind gegerbten Kapelle von Santa Maria.

E6 VON MACINAGGIO NACH BASTIA

(37 km/1 Std. 10 Min.)
Eine sanfte Kurvenfahrt entlang malerischer Buchten, die immer wieder zu Zwischenstopps einladen

Kleine Buchten mit Kiesstränden erstrecken sich an diesem Straßenabschnitt. Die zahlreichen genuesischen Türme an der Küste konnten bei Gefahr über Lichtzeichen miteinander kommunizieren. Den netten Fischerort Porticciolo umgeben alte Pinien, das höher gelegene Cagnano diente einst als sicherer Wohnort der Fischer. Nach ungefähr 12 km folgt die Domaine Terra di

Die Kirche Sant Agnellu aus dem 16. Jh. dominiert den kleinen Ort Rogliano

Von Weitem sichtbar: die imposante Zitadelle von Bastia

Catoni mit einer Snackbar und einem alten Palmengarten. Bei einem Espresso lohnt der Blick auf das Angebot an köstlichen Produkten, Olivenöl und Wein.

Eng bebaut war Erbalunga schon in früher Zeit, und ein Spaziergang durch die alten Gassen der Streugemeinde Brando vermittelt noch ein wenig vom Zusammenhalt der Bewohner. Überregional bekannt ist die Fackelprozession »granitola« am Karfreitag. Ganz munter präsentiert sich der Ort zum Musikfestival im August. Von hier ist es nur noch ein Katzensprung nach Bastia.

Zurück zum Ausgangspunkt: Von Bastia führt die D 81 über den Col Teghimo (536 m) in ca. 35 Min. (18 km) wieder nach Patrimonio.

Hotelempfehlungen

Wenn Sie die Tour in Tagesetappen fahren, empfehlen wir folgende Hotels:

€–€€ | Relais du Cap – Maison du Charme Die Unterkunft ist das einzige Haus am Meer der Marine de Negru, ca. 4 km südlich von Nonza.
>> *Plage de la Marine de Negru. 20217 Ometa du Cap 04 95/37 86 52, www.relaisducap.com*

€€ | U Sant' Agnellu Kleine, komfortable Unterkunft mit viel Panorama bis hin zum entfernten Meer. Ideal auch für einen guten Imbiss.
>> *Place de la Parrochia, 20247 Rogliano, Tel. 04 95/35 40 59, www.hotel-usantagnellu.com*

Unterwegs

Traumpanoramen von der Calanche de Piana nördlich von Porto – Sinnbilder großartiger Landschaften finden sich besonders an der Westküste Korsikas. Die Felsskulpturen vor tiefblauem Meer mögen den einen oder anderen an Figuren erinnern.

Das will ich erleben

Korsika ist die viertgrößte Insel des Mittelmeers, und bereits die Anreise lässt niemanden unbeteiligt. Vom Meer her oder von der Luft betrachtet, offenbart sich ihr unermesslicher Naturreichtum, der von zerklüfteten Küstenstrichen und traumhaften Buchten hin zu Bergmassiven und üppigen Hochplateaus reicht. Pfade, Wanderwege und abgelegene Straßen bieten herrliche Panoramen und mannigfaltige Sportmöglichkeiten. Über Korsikas Strände lässt sich leicht schwärmen. Ebenso über die Vielfalt an regionalen Köstlichkeiten, die Auskunft über das korsische Savoir-vivre geben – voilà!

Naturwunder Korsikas

Der unverwechselbare Charakter der wilden Insel liegt vielleicht im immer wieder neuen Zusammenspiel seiner Elemente mit Wetter, Tages- und Jahreszeiten. Und wenn die Sonne brennt und die Felsen glühen, sind zeitlose Momente in Korsikas fantastischen Landschaften spürbar.

Die schönsten Strände

Ob schwarz glitzernd, perlmuttfarben, apricot, ocker oder blütenweiß: So gut wie jede denkbare Sandfarbe ist auf der Insel präsent. Abgelegene Buchten mit kristallklarem Wasser, felsige und schnell abfallende Kiesstrände – die Strand-Schatzsuche bietet viele Überraschungen.

Lebensart auf Korsisch

Landwirtschaft, Gesang, Kunsthandwerk und individualistische Lebenswege. Auch ein Urlaub bietet genügend Gelegenheit zu erfahren, was die Menschen dieser von vielen Kulturkreisen beeinflussten Insel antreibt und wo ihre Wurzeln liegen. Die Vereinigung »Festivoce« in Pigna inspiriert Musiker, hier selbt aktiv zu werden.

Wege zur Geschmacksvielfalt

Groß ist die Vielfalt an Bauernhöfen, die Käse herstellen, korsische Schweine halten oder den bekannten Muscat AOP ausbauen. Tatsächlich haben das Hochland, die Casinca oder das Cap Corse sich längst einen Namen für ihre Köstlichkeiten gemacht. Daher gleichen manche Delikatessengeschäfte einem Wunderland.

Zauberhafte Panoramen

Genial konstruierte Straßen durch eine bizarre Bergwelt, ans Gebirge genietete Pistenstreifen und Strecken durch markante Gebiete machen es möglich, die landschaftlichen Reize der Insel zu entdecken. Auf spektakulären Roadtrips lässt sich Korsika wunderbar mit dem Auto entdecken.

Attraktive Museen

Dass Museen für Jugendliche nicht langweilig sein müssen, beweist das Musée du histoire in Cervione. Und um ländliche Tradition, Identität und spannende Objekte der Vergangenheit geht es im genuesischen Palast von Bastia – mehr als ein Dutzend hochkarätige Museen zählt die Insel.

Vergessene Ortschaften

Seit dem 19. Jh. erlebte Korsika eine Landflucht und zahlreiche Auswanderungswellen. Manche kehrten zurück, andere nutzen die Häuser fortan für die Ferien. Von reizenden Bergdörfern, abgelegenen Weilern und lauschigen Orten, die den Weg in die Gegenwart geschafft haben.

Bezaubernde Naturparks

Das Tafelsilber Korsikas! Schon in den 1970er-Jahren war es den Verantwortlichen ein Anliegen, die »wilde Natur« mit ihren fragilen Küstenregionen zu schützen. So entstand 1972 der Parc naturel régional de Corse. Was diese opulente Natur bietet, lässt sich auf vielfältige Weise entdecken.

Bunte Vielfalt auf den Wochenmärkten

Probieren und studieren wäre das Motto beim Besuch der Wochenmärkte, die landwirtschaftliche Produzenten aus den hintersten Bergwinkeln aufsuchen und dabei ihr ganzes Wissen und Können den Besuchern offerieren. Einfach erstaunlich, was für Köstlichkeiten es auf Korsika gibt.

Einzigartige Wandergebiete

Franzosen sind Trekkingfans, zumindest hat sich dieser Trend dank fortschreitender Pflege des korsischen Nationalparks und der Erschließung bekannter und versteckter Wanderpfade stets weiterentwickelt. Denn die Insel ist ein Paradies für Wanderer mit über 1500 km Wanderwegen!

Kultorte des Megalithikums

Die korsische Frühgeschichte bietet spannende Kapitel, die sich an außergewöhnlichen Orten präsentieren. Was die Menschen jener Zeit bewegte, hat die Archäologie intensiv beleuchtet. Ein spannender Besuch dieser Stätten lässt ihre Gedankenwelt erahnen.

Bastia, Nebbio und das Cap Corse

Zwischen alter Kulturlandschaft, fast vergessenen Bergdörfern und grandiosen Orten – verbunden durch eine spektakuläre Küstenstraße

Ligurisches Meer
Saint-Florent
Bastia
L'Île-Rousse
Calvi
Golo
Corte
Cargèse
Aléria
Tavro
Ajaccio
Tyrrhenisches Meer
Propriano
Sartène
Porto-Vecchio
Bonifacio

In diesem Kapitel:

ADAC Top Tipps:

Église de San Michele de Murato, Oletta
| Kirche |

Vielleicht ist diese Kirche der eleganteste Ausdruck der pisanisch-romanischen Epoche auf der Insel. Denn hier geht es nicht nur um allerhand Fabelwesen, sondern auch um ein schönes Wechselspiel von grünem Schiefer und hellem Kalkstein. 74

Désert des Agriates
| Landschaft |

Auch wenn es ein karges Stück Steinwüste ist: Dieser Landstrich fasziniert – als Schnuppertour mit dem Schiff nach Le Mortelle und zum Traumstrand La Saleccia. Oder als Tageswanderung und Fahrt mit dem Schiff von Losari oder Saint-Florent aus. 77

Während das hügelige Nebbio südöstlich von Saint-Florent eine der fruchtbarsten Landschaften Korsikas ist – mit weiten Oliven- und Weinfeldern –, dauert es weniger als 20 Autominuten, um in den kargen Désert des Agriates zu gelangen. Das Zusammenspiel dieser Gegenden vermittelt sich eindrucksvoll vom Pass Col de Teghime auf dem Weg nach Bastia und vom stillen Oletta zum Col de Santo Stefano. Dort liegt auch eine Perle romanischer Kirchenbaukunst: San Michele de Murato.

Handel, aber auch die Migration in die Ferne haben das Leben in Bastia und am stellenweise dünn besiedelten und ursprünglichen Cap Corse bestimmt. Neben den erschlossenen Orten am Meer geht es dort in alte, stille Bergdörfer. Oder in Fischerorte wie Porticciolo und Port de Centuri. Weinfreunde finden in Patrimonio attraktive Angebote, während das mondäne Saint-Florent gute Fischrestaurants aufweist.

ADAC Empfehlungen:

① Oratoire de la Confrérie de Sainte-Croix, Bastia
| Kirche |
Die kultige Kapelle der Fischer von Bastia – opulenter Barock und eine Prozession hinaus aufs Meer. 70

② Le Potager du Nebbio, Oletta
| Restaurant |
Vom hauseigenen Biogarten kommt Gutes direkt auf den Tisch. 74

③ Le Mathy's, Saint-Florent
| Restaurant |
Auf einer kleinen Tageskarte winkt die kulinarische Fantasie. 76

④ Libertalia, Patrimonio
| Restaurant |
Ein lauschiges Gartenrestaurant unter alten Steineichen mit einer vortreffli- chen Küche aus frischen Zutaten. 79

⑤ Galerie Nasce, Nonza
| Kunstgalerie |
Im Haus des früheren Musée du Cédrat sind in einer luftigen Galerie interessante Fotoarbeiten und Stein- assemblagen zu bestaunen. 81

⑥ Tollare
| Fischersiedlung |
Ein paar Häuser – und ansonsten nichts als das blaue Meer im äußers- ten Norden des Cap Corse. 83

1 Bastia

Eine quicklebendige Stadt mit wichtigem Fährhafen

![Hafen von Bastia]

Bunte Häuser und die Église Saint-Jean Baptiste säumen den alten Hafen von Bastia

Information

■ Office de Tourisme de Bastia, Place Saint Nicolas, Tel. 04 95/54 20 40, www.bastia-tourisme.corsica

■ Ein kultureller Stadtrundgang »Bastia Secret« (franz.) führt Besucher dienstags um 16.30 Uhr zu bekannten und skurrilen Orten (mit Verkostung korsischer Produkte und Vorführung polyphoner Musik)

■ Parken siehe S. 72

Bastia gilt zu recht als Stadt mit italienischem Flair, was sich schnell in den Gassen der Altstadt nachvollziehen lässt. Spannend ist der Blick auf die Gesichter seiner Bewohner und ihre Lebensart – und, natürlich, dem Treiben auf der lebhaften Place Saint-Nicolas und den prächtigen Boulevards, die zum alten Hafen, der Keimzelle der Stadt führen, zuzuschauen. Auf der alten Zitadelle mit dem interessanten Stadtmuseum vermittelt sich gut das Verhältnis der Korsen zum Meer.

Als Honorè de Balzac 1838 am alten Hafen wohnte, fühlte er sich »fremd wie in Grönland«. Was ihn nicht davon abhielt, die Bewohner genau zu beobachten. Wer heute am Portu Vecchiu und den pulsierenden Piazzen etwas genauer hinblickt, wird dieses Gefühl nicht teilen, denn die Stadt ist vielfältig und multikulturell. Die weite Place

Plan
S. 68/69

Das Klimpern der Boote verstummt wie das lebhafte Treiben am Hafen schnell in den steilen Gassen des angrenzenden Quartiers Terra Vecchia, wo im ausgehenden 17 Jh. viele Arbeiter lebten. Nach oben werden die Straßen dieses lange durch Abwanderung und Konflikte vernachlässigten Quartiers bald breiter und offener. Erst ab den 1970er-Jahren erholte sich die Stadt langsam von der andauernden Misswirtschaft durch neue Handelsbeziehungen und den aufkommenden Tourismus. So erhielten allmählich die Zitadelle sowie die zahlreichen Kirchen und Oratorien der Bruderschaften aus der Zeit des Barock ein frisches Antlitz.

👁 Sehenswert

1 Place Saint-Nicolas
| Platz |

Ganze 300 m Länge misst die Place, die zahlreiche Cafés und Restaurants säumen. In der Mitte liegt das Stammhaus des Aperitif-Herstellers Mattei, und Napoleon thront als Feldherr mit einer Statue über dem Ort. Sonntags findet hier ein großer Flohmarkt statt.

2 Église Saint-Jean-Baptiste
| Kirche |

Die Barockzeit in Korsika vermitteln besonders die Kirchen der Stadt. Dieses Gotteshaus, fertiggestellt um 1680, besitzt aufwendige Stuckarbeiten, Dekorationen und Altäre aus korsischem Marmor. Schön präsentiert sich auch die harmonische ockerfarbene Fassade.
■ Rue Saint-Jean, tgl. 7.30–12, 14.30– ca.19 Uhr

Saint-Nicolas verströmt viel Flair einer Metropole– wie auch die Prachtboulevards César Campinchi und Pasquale Paoli. An der Place du Marché und ihren Seitengassen befinden sich gute und originelle Bistros sowie elegante Restaurants. Für jeden scheint hier etwas dabei zu sein. Auch ein Picknick mit Produkten der Region lässt sich auf dem Marché am Samstag und Sonntagvormittag gut zusammenstellen.
Neben der Zitadelle, der »Bastiglia« bzw. genuesisch »Bastia«, die einst die italienisch geprägte Unterstadt schützte, liegt der reizvolle Naturhafen, an dem sich in den Sommermonaten die Jachten eng aneinanderreihen.

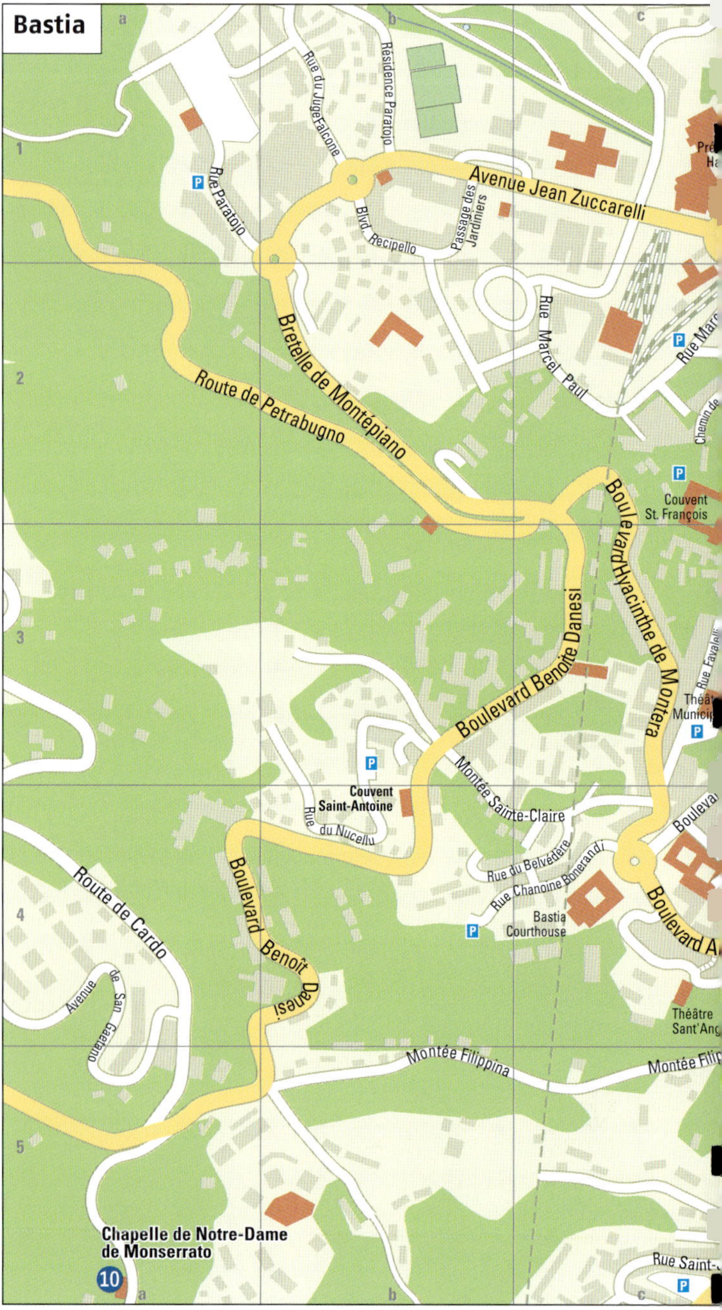

Bastia

a   b   c

Rue du Juge Falcone

Résidence Paratojo

Rue Paratojo

1

Avenue Jean Zuccarelli

Blvd. Recipello

Passage des Jardiniers

Rue Marcel Paul

Rue Marc

Bretelle de Montépiano

Route de Petrabugno

2

Chemin de

Boulevard Hyacinthe de Montera

Couvent St. François

Rue Favalei

3

Boulevard Benoit Danesi

Théât Municip

Montée Sainte-Claire

Couvent Saint-Antoine

Rue du Nucellu

Rue du Belvédère

Rue Chanoine Bonerandi

Boulevar

Route de Cardo

Boulevard Benoît Danesi

Bastia Courthouse

Boulevard A

4

Avenue de San Gaetano

Théâtre Sant'Ang

Montée Filippina

Montée Fili

5

Chapelle de Notre-Dame de Monserrato

10

Rue Saint-

a   b   c

Das Innere der Kathedrale Sainte-Marie aus dem 17. Jh. birgt zahlreiche Kunstschätze

3 Église Saint-Roch
| Kirche |

In dieser auch als Oratorium bezeich-neten Kirche stechen sofort das Chor-gestühl und der kostbare Altar (Mitte 17 Jh.) ins Auge. Sie entstand 1528 für die Pestopfer der Insel. Mehr als 4000 Insulanern hatte der Erreger den Tod gebracht – eingeführt von Handels-schiffen aus dem Schwarzen Meer.

■ Rue Napléon, tgl. 7.30–12, 14.30–19 Uhr

4 Église de l'Immaculée Conception
| Kirche |

Der schmale Grundriss und der fein dekorierte, hohe und helle Dachstuhl mit zarten Fresken, Kristallleuchter und die purpurne Damastbespannung ver-leihen dieser Kirche mit ihrer Samm-lung religiöser Objekte viel Anmut.

■ Rue Napléon, tgl. 7.30–12, 14.30–19 Uhr

5 Église Sainte-Marie
| Kirche |

Den Innenraum der barocken und reichhaltig dekorierten Kirche zieren das Gemälde »Verkündigung« (um 1512) über dem Altar und weitere Wer-ke aus der Sammlung des Kardinals Fesch, die hier nach der Zeit der Bi-schöfe von Marianú angebracht wur-den. Die Kathedrale war auch Schau-platz zahlreicher offizieller Akte der genuesischen Gouverneure.

■ Rue Notre-Dame 12, tgl. 7.30–12, 14.30–19 Uhr

6 Oratoire de la Confrérie de Sainte-Croix
| Oratorium |

① Ein Kruzifix wandert vom Alten Hafen über das Meer und zurück

Das fast mystisch anmutende Rokoko-Oratorium (nach 1600) mit hellblauem

Deckengewölbe und goldfarbenen Rippen ist die Rekonstruktion eines Baus der Bruderschaft von 1543 auf dem Gelände der Lateranbasilika in Rom. Sein Marmoraltar verbirgt einige schön modulierte Engel sowie die subtil gearbeitete Holzskulptur »Mariä Verkündung« in einer Nische. Das legendenumwobene Kruzifix »Christu Negru« wird alle zwei Jahre am 3. Mai im Rahmen einer Prozession auf das nahe Meer gefahren, aus dem es angeblich einst gefischt wurde.

■ Rue de l'Evéché, tgl. 8.30–17 Uhr

7 Place du Marché
| Platz |

Seitlich der Église Saint-Jean-Baptiste erstreckt sich die reizvolle Piazza, auf der am Samstag und Sonntag bis ca. 12.30 Uhr der Markt der Bastianer stattfindet: regionaler Käse, Honig, Wurst, Obst, Baguette und Gemüse. Immer Leckeres zum Probieren! Auch viele Bioprodukte sind im Angebot.

8 Zitadelle und Musée de Bastia
| Museum |

Vom Hafen führt ein Treppenaufstieg durch den schattigen Jardin Romieu. Hier und am Palais des Gouverneurs (unter Andrea Spinola 1521 beendet) ist das massive Mauerwerk der Zitadelle gut zu erkennen. Der Palast diente als Wohnsitz und Verwaltung des Gouverneurs, als Gefängnis und Kaserne. Seit 2010 ist hier das Stadtmuseum untergebracht, mit vielen interessant gestalteten Räumen zur korsischen und genuesischen Geschichte, ergänzt durch imposante Porträts und Büsten. Auch die Naturkunde der Insel und das Handwerk sind vertreten. Beeindruckend sind die Miniaturmodelle (hydraulische Wassermühle u.a. von René Mattei) im alten Pulverturm.

■ Cours Favale, Tel. 04 95/31 09 12, www.musee-bastia.com, Mai–Sept. Di–So 10–18.30, Juli, Aug. tgl. 10–18.30, Okt.–April Di–Sa 9–12, 14–17 Uhr, 5 €, erm. 4 €

9 Musée du Parfum
| Museum |

Guy Cecchini ist ein Parfümeur der alten Schule und gibt hier bereitwillig Auskunft zur Herstellung von duftenden Ölen, Essenzen und Parfüms, die er auch zum Verkauf anbietet.

■ Avenue Emile Sari 29, Tel. 04 95/32 28 92, Mo–Sa 16.30–20 Uhr, Eintritt frei

10 Chapelle de Notre-Dame de Monserrato
| Oratorium |

Dieses kürzlich renovierte Oratorium (16 Jh.) hoch über der Stadt nahe des Couvent de Saint-Antoine besitzt eine Besonderheit: die von Papst Pius VII. 1811 eingeweihte Scala Santa (»Heilige Treppe«) mit ihren 33 Stufen. Der Weg zur Kirche braucht etwas Kondition.

■ Couvent de Saint-Antoine, Route de Saint-Florent/Chemin de Scala Santa, in der Regel vor und nach der Messe um 17.30 geöffnet, So 10.15, Do 21 Uhr

ADAC *Wussten Sie schon?*

Auf der **Place du Donjon** der Zitadelle (Palais du Gouverneur) befand sich eine große Steinplatte, an die des Betrugs bezichtigte Händler für einen Tag angekettet wurden. Aus dem zuvor von Soldaten zertrümmerten Kontor der Betroffenen – auf Italienisch »banca rotta« – entstand der Ausdruck »banqueroute« auf Französisch sowie das deutsche Wort bankrott.

Die Place Saint-Nicolas am Fährhafen ist der Mittelpunkt des Lebens in Bastia

 Parken

Gare Maritime Nord, Parking de la Gare, Quai Albert Gillio, Rue des Remparts.

 Restaurants

€ | **L'Acquale** Serviert werden italienische und korsische Gerichte, die auch von Einheimischen geschätzt werden. Prima Weinauswahl, tolle Desserts. Die hippe Terrasse ist schnell belegt. ■ Rue Neuve Saint-Roch, Tel. 04 95/39 22 25, Mo geschl., Plan S. 68/69, d3

€ | **Minotaure Craft Bar** Hier gibt's die Ribella-Biere aus Patrimonio mit einer Auswahl an offenen Sorten. Besonders zu empfehlen sind das blonde, mit Cédrat gekelterte Bier oder die rot-gold schimmernden Kastanienbiere. Es gibt zwei, drei Tagesgerichte mit Bioprodukten. ■ Rue Favalelli 2, Tel. 06 23/16 41 25, tgl. ab 18 Uhr, Plan S. 68/69, c3

€ | **Nova** Entspannte Atmosphäre und kreativ-leichte Küche. Einige Gerichte, Salate und Pasta für Vegetarier, etwa mit leckerem Tomatenpesto. Der Trüffel-Risotto soll der beste auf Korsika sein – so der ambitionierte Koch. ■ Place Fontaine Neuve, Tel. 04 95/47 25 22, So geschl., Plan S. 68/69, d3

€€ | **La Table du Marché** Das schicke Restaurant ist eine Empfehlung in Sachen Fisch, dazu gibt es gute Antipasti. Reiche Auswahl an Muscheln und Austern sowie täglich fangfrische Angebote. ■ Place du Marché, Tel. 04 95/ 31 64 25, Plan S. 68/69, d3

€€ | **U Paisanu** Dieses Feinkostgeschäft mit Bistro-Ecke bietet tagsüber eine Auswahl korsischer Köstlichkeiten der Region, zu denen der engagierte Besitzer François Filipini auch gerne kleine Geschichten preisgibt. Abends offeriert er korsische Hausmannskost mit viel »gusto«. Für die wenigen Plätze in einladendem Ambiente sollte man im Vorraus reservieren. ■ Rue Mgr Rigo 9, Tel. 07 84/11 03 32, www.upaisanu.com, So–Di geschl., Plan S. 68/69, d3

 Einkaufen

L'Epicerie-Fine Hediard Hier wurde der korsische Pastis Casa Angeli entwickelt. Kenner schwören auf sein Rezept. ■ Rue César Campinichi 33, www.epicerie-fine-corse.com, Plan S. 68/69, d2

Les Delices de Castello Sehr zu empfehlen: Rohmilchziegenkäse aus bester Produktion. ■ Place du Marché, Sa, So bis ca. 14 Uhr, Plan S. 68/69, d3

Liutera Christian Magdeleine Das traditionelle Metier des Instrumentenbaus (Gitarre, Laute u.a.) wird im Atelier von Christian weitergeführt. ■ Rue

Chanoine Bonerandi 6, Tel. 04 95/31 78 99, www.liutera.com, Plan S. 68/69, b3

Mattei Eine Institution ist das inzwischen aufpolierte Stammgeschäft des Likörproduzenten. Neben dem Aperitif Cap Corse gibt es weitere Spezialitäten. Historische Errungenschaften, etwa die erstmalige Verwendung von »cédrat« (Zitronen) aus Asien im frühen 19. Jh., dokumentieren zahlreiche Fotos. ■ Place Saint Nicolas, www.capcorsemattei.com, Plan S. 68/69, d2

U Montagnolu Die überbordende Auswahl an Delikatessen der ersten Feinkostadresse der Stadt bietet weit mehr, als ein »montagniolo«, ein Mann aus den Bergen, wegtragen kann. ■ Rue César Campinchi 15 (wenn zuviel Betrieb, lohnt der Blick auf weitere Geschäfte dieser Straße), Plan S. 68/69, d3

 Bühne

Centre culturel Alb'Oru und **MicroFolie** Avantgardistisch und vom Festland animiert ist dieses Kulturprojekt: Tanz, Ausstellung und Happenings. ■ Rue St Exupéry, Arcades du Théâtre, www.unavolta.com, Plan S. 68/69, südl. c5

 Kneipen, Bars und Clubs

A Nott'ula Piano Bar Beliebter Seglertreff und Late Night Pub. ■ Av. Emile Sari 4, Tel. 06 37/60 77 87, Do–So 23–5 Uhr, Plan S. 68/69, d1

2 Oletta

Mitten im Nebbio – Region der versteckten Gärten und alten Natursteinmauern

In dieser Gemeinde am Fuß des Monte Zuccarellu (940 m) verstecken sich betagte Stadthäuser alter Familien. Etwa der Palazzu Serenu, heute ein Hotel mit modernen Akzenten. Kleine Gassen winden sich von der Piazza bzw. der Kirche Saint-André langsam in die Höhe. Kurz hinter dem Kramerladen – inzwischen zum Delikatessengeschäft L'Olitese mutiert – verweist ein Schild auf Domenico Marfisi, einen Dichterspross dieser alten korsischen Familie.

Auf einem grünen Hügel hoch über dem Patrimonio-Tal thront das Bergdorf Oletta

Auch der Pariser Impressionist Maurice Utrillo verbrachte Ferien in dem Ort.

 Sehenswert

Église de San Michele de Murato
| Kirche |

 Von geschickten Baumeistern mit viel Raffinesse geschaffen

Die sicherlich schönste und bekannteste romanische Kirche Korsikas. Das eisenhaltige, tiefgrüne Serpentingestein der typisch pisanischen Hell-dunkel-Bänderung ist einmalig in der romanischen Kirchenarchitektur im Italien des 12. und 13. Jh. Besonders schön ist es, die durchweg harmonische Baukunst vom östlich gelegenen Parkplatz zu Fuß langsam zu erfassen und schließlich vor dem Westportal über die Weitsicht nach Westen und die Nahsicht auf das reiche Dekor zu staunen.

■ Murato, tgl. 10–18, Sommer bis 19 Uhr

 Restaurants

€ | **A Piazzetta** Zentral gelegen und lokaler Treffpunkt für ein Glas Rosé. Im Angebot sind gute Salate und einige Gerichte aus dem Wok. Abends wird auch Pizza serviert. ■ Quartier a Leccia

 €€ | **Le Potager du Nebbio** »Alles aus dem Garten« lautet das Motto dieser Gärtnerei mit Restaurantterrasse unter Schatten spendenden Olivenbäumen. Gemüse aus seltenem Saatgut und Früchte der Saison werden in der Küche gekonnt verarbeitet. Zwei täglich wechselnde Menüs mit vegetarischen Optionen werden den Gästen auf der Terrasse serviert. Ein Gaumenschmaus! Es gibt auch eine Auswahl schmackhafter Konfitüren sowie Brot. ■ Route de San Griolo, Tel. 04 95/60 64 16, tgl. 12–14, 19.30–21.30 Uhr

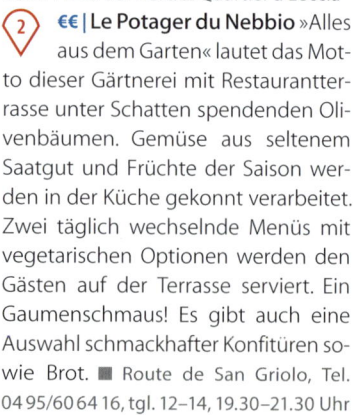 **In der Umgebung**

Die Bergdörfer des Nebbio
| Landschaft |

Es bietet sich an, von Oletta eine Rundtour im Uhrzeigersinn zu machen. Am Col San Stefano geht es nach Murato, Pieve und Santo-Pietro-di-Tenda – alles aussichtsreiche und geschichtsreiche Bergdörfer mit viel Lokalkolorit. In römischer Zeit führten Priester auf der Hochebene von Murato Merkur-Kulte durch, was sicherlich die Wahl für die spätere romanische Kirche erklärt.

3 Saint-Florent

Eleganter Hotspot der Yachties von nah und fern an der glitzernden Sonnenküste

i **Information**

■ Information touristique, Hôtel de ville, Route de Bastia, Tel. 04 95/37 06 04, www.corsica-saintflorent.com

Saint-Florent war der Hauptsitz der Römer im Nebbio, wie auch Funde unter der Kathedrale von Nebbio erkennen lassen. Eine erste Blüte erlebte die Stadt unter dem Einfluss von Pisa, das den Hafen ausbaute und so auf die Einfälle der Sarazenen antwortete. Doch die Lage am Aliso brachte der Siedlung ständig Probleme, da der Fluss den Hafen versanden ließ. Das Zentrum befand sich in jener Zeit östlich der Hauptstraße D 81, wie Funde belegen. Die turmartige Zitadelle der Genuesen aus dem 16 Jh. erlaubte es, den Invasionen der Aragonier und Ottomanen zu trotzen. Geschichte schrieb Pasquale Paoli, als er mit britischer Hilfe unter Lord Nelson 1793 Saint-Florent kurzfristig von den Fran-

Beliebter Treffpunkt der Yachties: der schmucke Hafen von Saint-Florent

zosen befreite. Heute ist der Jachthafen mit seinen eleganten Segelschiffen ein Hauptanziehungspunkt der Stadt. Hier konzentrieren sich schicke Cafés, Restaurants und Geschäfte.

 Sehenswert

Cathédrale du Nebbio
| Kirche |

Die Reliquien des hl. Florus, des Schutzpatrons der Stadt, werden hier verwahrt. Jedes Jahr am Pfingstmontag werden diese dann feierlich zur Kirche Saint Anna getragen. Das romanische Gotteshaus aus dem 12 Jh. zeigt an der Westfassade und den Kapitellen im Inneren symbolisch zu verstehende Tiermotive und Unendlichkeitsknoten. Auch die schlanken Blendbögen sind typisch für den pisanischen Stil.

■ Rue Giustimani, ca. 800 m vom Zentrum, Juli, Aug. 17–20 Uhr und für Konzerte geöffnet, Infos beim Tourismusbüro

La Tour de Fornali
| Turm |

Der Turm (16 Jh.) ist der einzig tatsächlich errichtete, weitere Türme an der Bucht waren geplant. Ein Weg führt von der Rue de la Roya bzw. der Plage de la Roya an der Bucht entlang zur Tour de Fornali (ca. 1 km).

ADAC *Mobil*

Warum geben Korsen eigentlich gern **Entfernungen** in Minuten oder Stunden an? Die Frage lüftet sich in Anbetracht unzähliger Straßenschleifen, Windungen und bewegter Reliefs zwischen Tal, Küste und Berg – nicht eingerechnet durch Steinschlag gesperrte oder von Ziegen bevölkerte Straßen. Kilometerangaben ohne weitere Details bedeuten auf Korsika nämlich so wenig, dass nur Kurzbesucher ihnen Bedeutung beimessen.

Parken

Parking am Hafen.

 Restaurants

 **€€ | Le Mathy's** Trendiges Restaurant des Kochs Thierry mit wenigen, aber vorzüglich zubereiteten und täglich sorgfältig neu ausgesuchten Tagesgerichten. Der offene Blick in die Küche verrät ein wenig, was gerade im Entstehen ist. Nur wenige Tische – daher unbedingt reservieren. ■ Rue de Furnellu, Tel. 04 95/37 20 73

€–€€ | Café Restaurant L'Europe Während vom Café gut die Boule-Aktivitäten auf der Piazza zu beobachten sind, punktet das Restaurant mit einer guten Fischküche und exzellenten Deserts. Gute Weinkarte, im oberen Stock Gästezimmer. ■ Place des Portes, Tel. 04 95/35 32 91, www.hotel-europe2.com

 Einkaufen

Domaine Gentile Weine aus zertifizierter biologischer Produktion (AOP Patrimonio/Muscat) und sorgfältiger Ausbau. ■ Olzo, Tel. 04 95/37 01 54, www. domaine-gentile.com

Le Fornil Bio Sauerteigbrot und Brioches. ■ Piazze, Barbaggio, Tel. 06 77/29 48 90, Di, Do 7.30–12.30 Uhr

 Kneipen, Bars und Clubs

Conca d'Oro Seit mehr als 30 Jahren der Club im Nordwesten der Insel in einer alten Bergerie mit Open-Air-Dancefloor. Donnerstags bis samstags lässt DJ Antonin BG die Wände des ehemaligen Schafstalls und des Open-Air-Dancefloors erzittern. ■ Route d'Oletta, Tel. 04 95/37 00 46

 In der Umgebung

Golf von Saint-Florent
| Strände |
Den Golf säumen spektakuläre kleine und große Kiesstrände, unterbrochen von Flussmündungen und Felspartien: etwa die Plage de la Roya südlich von Saint-Florent oder die Plage du Loto an einem Küstenpfad am Désert des Agriates (ca. 3 Std. oder per Schiff). Oder noch weiter westlich die Plage de Saleccia, ein Naturstrand, an dem Kühe weiden (5–6 Std. bzw. per Schiff). ■ Agriates Kayak, Plage de la Roya, Tel. 06 15/77 81 13

Désert des Agriates
| Landschaft |

 Die ungezähmte Natur erlaufen, erschnuppern und erfahren

Das streng geschützte Naturschutzgebiet mit 15 000 ha zwischen L'Ostriconi und Saint-Florent erschließt auf der dem Meer zugewandten Seite ein traumhafter Wanderpfad, der sich in zwei ausgiebigen Tagesetappen zu Fuß erwandern lässt. Vom Parkplatz an der Asco-Mündung sind es 6 bis 7 Stunden bis zur Gîte. Diese Unterkunft in Ghignu (Tel. 04 95/59 17 35) läuft auch ein Motorboot von Saint-Florent an. Dann geht es über Saleccia, Lotu und Fornali in 8 bis 9 Stunden zurück nach Saint-Florent. Bereits ein »Schnupperkurs« (5–6 Std.) bis zur Marina d'Alga lässt erahnen, was Naturfreunde an dieser Küste erwartet: türkis- bis aquamarinfarbene Buchten, eine duftende Macchiavegetation und Panoramablicke auf die Küste bis zum Cap Corse. MTB-Fans haben die Wahl zwischen der Piste de Malfalcu (13 km) und zurück über Terriccie (15 km) oder der Piste de Saleccia (25 km). Unterkunft im Camping Village de l'Ostriconi mit Bungalows und Zugang zum Strand von Ostricopni (Bord de Mer, Tel. 04 95/60 10 05, www.village-ostriconi.com).

Hinter dem Traumstrand von Ostriconi beginnt der menschenleere Désert des Agriates

Die sonnenverwöhnten Hänge rund um Patrimonio sind eine wichtige Weinbauregion

4 Patrimonio

Unterwegs zu Weinproben im fruchtbaren Tal der goldenen Sichel

Patrimonios Hausberg Monte San Angelo scheint von Bildhauern moduliert worden zu sein. Ein fruchtbares Tal, die Conca d'Oro, ist ein Zentrum des Weinanbaus und von hier aus gut zu sehen. Obstbäume, verschiedenes Gemüse und vor allem Wein gedeihen in diesem besonderen Mikroklima an den nach Südwesten offenen Hängen des Nebbio. Die auf über 500 ha gestiegene Anbaufläche der Nielluccio- (rot), Vermentino- (weiß) und Muscat-Traube (rosé) weist inzwischen einen goßen Anteil an biologischer Produktion auf. Es lohnt daher, ein wenig die Nebenstraßen in Richtung Oletta zu erkunden: Viele Weinproduzenten sind dort heimisch. Auf der Strecke von der Ortsmitte zur Kirche Saint-Martin folgt bald linker Hand ein Wanderweg, der zum Fluss Albino und der D 333 nach Farinole mit genuesischem Turm und schöner Weitsicht über den Golf von Saint-Florent führt. Hinter Farinole verweisen Grabstätten direkt an der Straße auf einst vermögende Familien der Region. Aus der scheinbaren Ruhe erwacht der Ort im Juli zum Gitarrenfestival, beweist aber auch im Herbst mit dem »Festivale d'Autunnu della Ruralità« ab Mitte Oktober für einen Monat eine starke territoriale Identität der Bewohner.

 Sehenswert

Église Saint-Martin
| Kirche |
Bereits der Weg zu der von Weitem sichtbaren Pfarrkirche aus dem 18 Jh., die dem Schutzpatron des Ortes gewidmet ist, beeindruckt. Ebenso die

Lage des Kirchplatzes. Nebenan befinden sich zwei Künstlerateliers.

■ Nur zur Sonntagsmesse geöffnet

Nativu du Barbaggio
| Menhir |

Dieser Menhir aus Kalkstein im Park des Ortes wurde ca. 1100 v.Chr. aufgerichtet und ist relativ gut erhalten. Auf der anderen Seite sprudelt eine erfrischende Quelle. Neolithische Hinweise fand man auch am Monte San Angelo.

■ Route Église St-Martin, frei zugänglich

 Restaurants

 € | Libertalia Je weiter es in die Berge hineingeht, um so üppiger die Gärten und auch die »territoriale« Gesinnung: Der Name des Bistros ist ein Wink. Hier zaubert der italienische Pizzaiolo Paolo beste Pizzen, während im schattigen Garten auch mal Livemusik aufgeboten wird. ■ Tel. 06 23 16 41 25, tgl. ab 18 Uhr

€ | Osteria Ind'e noi Weinbar mit bestem Blick auf das Ortsgeschehen. Gute Tapas und Gegrilltes. ■ Tel. 04 95/3 71 11 93, Mi, So abends geschl.

ADAC *Mittendrin*

Wer das Kastanienbier Pietra mag, sollte die köstlich mit Quellwasser gebrauten ausgefallenen Varianten der lokalen Produktion **Bièrres Ribella** probieren. Als Vorsitzender der korsischen Slow-Food-Sektion folgt Pierre-François Maestracci der Philosophie des »100 % local« konsequent mit weiteren experimentierfreudigen Angeboten wie Marc de Muscat, Nepita oder Tabak (Hameau Canal, Route de Saint-Florent, Tel. 06 23/16 41 25).

 Einkaufen

Atelier Julien Truchon Gebrauchskeramik, Vasen und Objekte mit Lasuren in exzellenter Güte. Ungefähr 300 m von der Kreuzung Patrimonio–Cap Corse entfernt (ausgeschildert). ■ www.atelierjtruchon.com

Clos de Benardi Qualitätsvolle Rose-, Rot und Weißweine in biologischer AOP-Qualität. ■ Patrimonio, Tel. 04 95/49 60 16, www.vinsdepatrimonio.com

Clos Marfisi Anwesen mit biologischer AOP-Produktion. Feiner Cuvée Rosé und Muscat Cap Corse ■ Patrimonio, Tel. 04 95/75 22 41

 Events

Nuits de la Guitare Alljährlich im Juli, mit renommierten Musikern im kleinen Park des Ortes. ■ www.festival-guitare-patrimonio.com

San Martinu in Patrimoniu Von Mitte Oktober bis Mitte November: Musik, Gesang, Animation und Kulinarisches aus dem ganzen Nebbio. ■ www.festivaledautunnudiaruralita.com

5 Nonza

Viel zu schade zum Durchfahren – der einzigartige Balkon des Cap Corse

Der schwarze Kieselstrand zieht sich kerzengerade an der Bucht von Nonza entlang. Ein atemberaubender Blick erschließt sich von der Festung aus Schieferstein mit einem mächtigen Turm, den Pasquale Paoli im Jahr 1758 ausbauen ließ. Der am nördlichen Ortsausgang von Nonza liegende Treppenstieg durch einen Pinienhain bezaubert mit einer schönen Stimmung. Einige hundert Stufen geht es hier hinab zur Plage noir. Schwalben drehen derweil vergnügt ihre Pirouetten, während an den Bergen die Wolken aufreißen und die Dünung des Meeres von weit unten zu hören ist.

Sehenswert

Église Sainte-Julie
| Kirche |

Die rot getünchte Barockkirche mit ihrer wunderbaren Freitreppe ist der Schutzheiligen des Ortes, der hl. Julie, gewidmet. Angeblich hat sie sich nach dem Einfall von Vandalen in Karthago an Bord eines Schiffes nach Gallien bei einem Aufenthalt in Nonza als Christin geweigert, an einem unsittlichen Fest teilzunehmen, und wurde hingerichtet.
■ Tgl. 9–18 Uhr

Fontaine Santa Ghjulia
| Quelle |

Ein Rundweg zum Magazin Cédrat mit seinem riesigen Zitronengarten führt in seiner Verlängerung zur Plage noir, die im Sommer quasi vor Hitze glüht.

ADAC *Wussten Sie schon?*

Der **Cédrat** aus Nonza blickt auf eine lange Geschichte zurück. Das Rautengewächs gilt als erste Zitrusfrucht, die nach Europa gelangte! Die Zitronatzitrone war zunächst nur im südostasiatischen Raum beheimatet. Durch jüdische Migranten gelangte sie 70 n. Chr. nach Spanien und Italien, während die Zitrone hingegen erst im 9. Jh. – als Kreuzung zwischen Cédrat und Bitterorange – europäischen Boden erreichte (siehe Les Cédrats du Cap Corse, S. 83).

Die wundertätige Quelle verfügt über einen doppelten Flusslauf.
■ Nur von außen zu besichtigen

Plage Marina di Negru
| Strand |

Der entzückende kleine Kiesstrand von Negru hat eine Besonderheit: Süßwasser des nahen Flusses erreicht hier das Meer – und ersetzt fast die Dusche.
■ 4 km südl. von Nonza

Parken

Am südlichen Ortseingang.

Restaurants

€ | **A Casella** Rustikales Landbistro mit toller Aussichtsterrasse und Hausmacherküche. ■ Zwischen Patrimonio und Nonza auf der höher gelegenen D 333, Tel. 06 37/84 90 00

€€ | **La Sassa** An den Felsen geschmiegte Kreativ-Cafébar im Loungestil mit exzellenten Cocktails. An Wochenenden bis Mitternacht geöffnet. Unter Oliastro-Bäumen gegenüber der Festung bietet sich viel Panorama. Wöchentlich wechselnde Auswahl an mediterranen Speisen. ■ Place de la Tour, Tel. 04 95/38 55 26, www.lasassa.com

Cafés

Café de la Tour Sympathisches Café unter Platanen mit Blick auf die Piazza von Nonza. Gute »tarte«. ■ Place de la Fontaine, Tel. 04 20/04 25 89

Einkaufen

Domaine de Catarelli Ausgezeichneter Blanc de Blanc, Rosé oder Muscat Cap Corse. Zum Betrieb der Ferme gehört auch ein Campingplatz mit Bungalows und Meerzugang. ■ Farinole, ca. 5 km nördl. von Patrimonio, Tel. 04 59/37 02 84, www.domainecatarelli.com

⑤ **Galerie Nasce** Die Künstlerin und Fotografin Florence Arrighi stellt in ihrer Galerie fantasievolle Fotoarbeiten und Steinassemblagen aus. Sie hat sich dafür im Haus des früheren Musée du Cédrat eingerichtet. ■ Le Casale (oberhalb des Zentrums)

6 Port de Centuri

Ein Fischerhafen zum verlieben und Domäne der verfeinerten Fischküche

Vor dem idyllischen Fischerort werden seit Ewigkeiten gute Fänge in dem abrupt in die Tiefe abfallenden Meer gemacht. Neben großen Seeteufeln, Wolfsbarschen, Goldbrassen oder Doraden sind es vor allem Langusten, auf die es die Fischer hier abgesehen haben. Die Langustenfischerei erbringt jährlich bis zu 3 t der Krustentiere, die jedoch das Mindestgewicht von 450 g nicht unterschreiten dürfen. Am späten Nachmittag kommen die Fischer zurück, und dann herrscht Aufregung in dem nur in der Nebensaison wenig besuchten Ort, den nun die Möwen orchestrieren. Ziel der meisten Gäste sind die ausgezeichneten Restaurants mit Fischspezialitäten, die sich um den kleinen Hafen reihen. Die vorgelagerte Îlot de Capense schützt den Ort vor dem heftigen Westwind, dem Libeccio.

👁 Sehenswert

Château Stoppielle, Cannelle
| Schloss |
Das mit staatlichen Mitteln renovierte Anwesen aus den 1880er-Jahren ist eine typische »maison d'Américains«. Die Familie Marcantoni de Pietri wanderte nach Costa Rica aus, wurde mit Kaffee- und Zuckerplantagen reich und kehrte vermögend zurück. Hübsche

Am kleinen Naturhafen von Port de Centuri genießt man fangfrische Spezialitäten

An der nördlichen Spitze der Halbinsel Cap Corse erstreckt sich der Ort Barcaggio

Gassen mit Bruchstein-Mauerwerk und altem Pflaster durchziehen Cannelle.

 Erhöht und südl. vom Hafen, ca. 1,5 km entfernt

P Parken

Am südlichen Ortseingang liegen zwei schnell belegte Parkplätze. Eventuell weiter südlich parken.

🍴 Restaurants

€€ | **Fruits de Mer** Das lobenswerte Restaurant des Hôtel de la Jetée hat eine weite, schattige Terrasse. Köstliches Langusten-Carpaccio findet sich auf der Karte ebenso wie Goldbrasse mit Confit oder große Muschelportionen. Le Port, Tel. 09 70/35 61 51, www.hotel-de-la-jetee-centuri.fr

€€ | **Le Langustier** Unter neuer Führung hat die Küche Qualität und Niveau erhalten. Beste Fischspeisen, auch gute Pasta- und Fleischgerichte. Ein kleiner Kiosk direkt am Haus offeriert täglich den frischen Fang. Le Port, Tel. 04 95/35 60 15, www.lelangoustier.com

€€ | **Le Vieux Moulin** Die renommierte Küche hat sich für ihre »pâtes à la langouste de Centuri« und das »mousse aux cédrats« einen Ruf bis nach Paris erworben. Langustengerichte gibt es je nach Saison ab ca. 50 €. Le Port, Tel. 04 95/35 60 15, www.le-vieux-moulin.net

🛍 Einkaufen

Hameau de Casanova Das Sortiment umfasst fantasievolles Holzspielzeug und Holzpuzzles. Barrettali (südl. von Pino), Tel. 06 32/88 81 05

🚗 In der Umgebung

Pino
| Dorf |
Romantische Treppensteige, alte Villen mit überwachsendem Jasmin und eine von Platanen beschattete Piazza sowie zig Wehrtürme locken, diesen Ort näher zu entdecken. Eine Legende

rankt sich um den Seneca-Turm: Kaiser Claudius hatte den Stoiker angeblich hierher in die Verbannung geschickt.

■ 15 km südl. von Port de Centuri

Les Cédrats du Cap Corse
| Direktverkauf |

Die Gärten der edlen Ur-Zitrone locken Gourmets an. Denn neben dem bekannten Likör bereitet Xavier Calizi ein köstliches Confit aus der Frucht. Auch in der Kosmetik findet der aromatische Duft Verwendung.

■ Barrettali (südl. von Pino, ausgeschildert), www.lescedratsducapcorse.com

Conservatorie du Cap Corse und Campanile von Canari
| Sammlung |

In dem alten Franziskanerkloster von Canari aus dem 16 Jh. befindet sich eine einzigartige Sammlung historischer Kostüme der Insel aus dem 19 Jh., zusammengestellt von dem Ethnologen Rennie Barboni. In den markanten Schiefergewölben sind auch Fotos jener Epoche zu sehen. Der ausgefallene Campanile des Ortes liefert eine tolle Fernsicht auf die Küste und erinnert eher an einen Leuchtturm. Canari liegt hoch über der Küstenstraße.

■ 30 km südl. von Port de Centuri, Tel. 04 95/37 80 17, www.canarivillage.com, 3. Juni–7. Juli, 2. Sept.–30. Okt. Mo, Di, Do, Fr 10–12.15, 16.30–19, 8. Juli–1. Sept. tgl. 10–13, 16–20 Uhr, 2 €

7 Barcaggio

Faszinierender Ausgangspunkt für Wanderungen am Cap Corse

Auch wenn die warme Jahreszeit immer mehr Tagesbesucher über ausgebesserte und kurvenreiche Straßen nach Tollare und Barcaggio an der Nordspitze des Cap Corse strömen lässt – den Charme dieser tollen Küstenlandschaft entdeckt erst wirklich, wer hier eine Nacht verbringt. Oder sich zu Fuß auf den Weg macht. Die Plage de Barcaghju, ein großer Sandstrand im Osten von Barcaggio, ein felsiger Meerzugang im Westen sowie viel frischer Wind erwarten Wanderer und Sonnenanbeter hier. Einen fantastischen Blick auf das Kap und die Giraglia-Insel mit einem alten Leuchtturm bietet der Moulin Mattei.

 Sehenswert

Moulin Mattei
| Mühle |

Die Windmühle auf dem Likörlabel der bekannten Destillerie aus Bastia liegt am nordwestlichen Ende des Cap Corse zwischen Botticella und Centuri-Port in exponierter Lage.

■ Westl. von Ersa

Tollare
| Fischersiedlung |

⑥ *Mal sanfte, mal kräftige Dünung an der Daumenspitze Korsikas*

Der Meertrekking-Klassiker ist der alte Zöllnerpfad von Barcaggio nach Marcinaggio. Wer aus östlicher Richtung kommt, hat die Wahl, hier noch 15 Minuten Wegstrecke dranzuhängen und die Küste bis nach Tollare zu erwandern bzw. von hier zu starten. Alternativ geht es bis zum Parkplatz von Tollare mit dem eigenen Fahrzeug.

 Parken

Parking am Port – gesalzene Strafzettel teilen die Ranger für das Parken im Naturschutzgebiet aus.

Restaurants

€ | U Fanale Die Kreidetafel vor dem Strandbistro verrät, was die Fischer an Land gebracht haben. Die leckere Fischsuppe und die Cannelloni sind meistens im Angebot, gegrillter Fisch je nach Fang. Zum Abschluss locken köstliche Desserts. ■ Tel. 04 95/35 62 72

8 **Macinaggio**

Jachthafen mit spannender Vergangenheit und legendärem Zöllnerpfad

 Information

■ Infopoint Marina, Tel. 04 95/35 40 34, www.macinaggiorogliano-capcorse.fr

Ehemals befand sich hier die Marine des Freiheitskämpfers Pasquale Paoli, der um 1760 auch persönlich mehrmals in Macinaggio verweilte. Später kehrte er erneut hierher zurück, um sich dann 1796 endgültig nach London ins Exil zu begeben. Spuren der Vergangenheit des inzwischen gut besuchten Jachthafens Macinaggio vermittelt auch der Sentier des Douaniers. Französische Zöllner waren auf dem Pfad ab 1800 gelegentlich unterwegs, um Schmuggelaktivitäten zu unterbinden – was die geschickten Fischer freilich zu umgehen wussten, lockte hier doch ein lukrativer Nebenverdienst.

 Sehenswert

Plage de Tamarone
| Strand |
Der ca. 3 km nördlich gelegene Strand gehört zu den schönsten des Cap Corse. Von Macchia überwucherte Felsen säumen den Weg dorthin.

Sentier des Duoaniers
| Wanderpfad |
Entlang einer ursprünglichen und zauberhaften Macchialandschaft geht es zu Fuß auf dem alten Zöllnerpfad nach Norden zum Kap – immer entlang der Küste und vorbei an den Ruinen der Chapelle Santa Maria (ca. 90 Min.) und der Tour d'Agnello – bis nach Barcaggio (ca. 3–4 Std.). Dabei passiert man das Vogelschutzgebiet der Îles Finocciarola. Zurück geht es auch per Schiff (siehe Infotafeln am Hafen).
■ Ein- bis dreimal tgl. fährt das Motorboot »U San Paulu« nach Barcaggio, Tel. 04 95/35 07 09

Îles Finocchiarola
| Insel |
Die Inseln sind als Naturschutzgebiet ausgewiesen und können nur im Winterhalbjahr nach Vereinbarung aufgesucht werden. Informationen zu Bootstouren erteilt das Tourismusbüro.

Rogliano
| Dorf |
Der Bergort kontrollierte in der Vergangenheit auf seiner luftigen Anhöhe nicht nur den Hafen am Meer, sondern auch den ganzen Schiffsverkehr der Küste. Daher erlebte die Stadt einen wirtschaftlichen Aufschwung und wurde 1626 sogar Sitz des genuesischen Gouverneurs. Die Ruinen des Schlosses erzählen hingegen vom Konflikt der Familie De Mare, die sich mit Sampiero Corso gegen die Genuesen verbündet hatten und schließlich zu Fall gebracht wurden. Das ebenfalls zerstörte Schloss San Colombano hoch über dem Ort

Am Ende einer staubigen Piste liegt die kleine Sandbucht Plage de Tamarone

Durch die engen Gassen von Porticciolo geht es hinunter zum winzigen Hafen

wurde im 18. Jh. wieder aufgebaut. Der idyllische Kirchplatz von Saint-Agnel bietet eine weite Aussicht.

 5 km nordwestl. von Macinaggio

P Parken

Parking an der Marina Macinaggio.

Restaurants

€ | **U Culombu** Terrassenrestaurant und Café mit kleinen Snacks und reichhaltigen Pastagerichten, sowie veganen und vegetarischen Speisen. ■ An der Marina, Tel. 04 95/35 45 07

€ | **U Paradisu** An der Plage de Tamarone bietet dieses unkonventionelle Strandbistro eine große Salatauswahl und Gegrilltes. ■ Baie de Tamarone, Tel. 08 90/71 89 49

Einkaufen

Alimentation Dominici In der Saison Austern vom Étang d'Urbino sowie Bergkäse und Dolci. ■ Bord de Mer
Brocciu Das Käsegeschäft der Ziegenkäserin Sandrine de Maggio. ■ Am westl. Ortseingang an der D 80, Tel. 06 10/79 04 44, Di, Do, Fr, So 8.30–12.30 Uhr
Hameau di Vignalello Feine Zutaten: Zwiebelkonfitüre, Kräutertees und Wildkräuter. ■ Rogliano, www.casaorsi.fr
La Galerie Buchhandlung mit einer gut sortierten Literatur über Korsika. ■ Bord de Mer

Kneipen, Bars und Clubs

DOCKS Lounge und Tapas-Bar. ■ Port de Plaisance, Tel. 06 24/08 30 69

Porticciolo

Kleiner und romantischer Meerzugang an der Ostflanke des Cap Corse

Für die entspannten Gäste am kleinen und verträumten Hafen des von alten Pinien beschatteten Ortes scheint die Enge an der Küste von Erbalunga bzw. Brando weit weg zu sein. Der kleine Strand fasst wenige Besucher und ist in der Nebensaison meistens leer. Die von der Landflucht gekennzeichneten nahen Bergorte Luri, Cagnano, Pietracorbara oder Sisco lohnen einen Ausflug: stille, harmonische Ortsbilder, Bruchsteinmauern mit Flechten. Panoramablicke in wilde Macchia und betagte Architektur mit viel Patina erwarten die Besucher auf wenig befahrenen Straßen. Landflüchtige Familien wanderten im 19. Jh. von hier nach Südamerika aus. Prestige brachten die Rückkehr und der Bau einer große Villa

– »maisons d'Americains« genannt und gut geschützt hinter massiven Mauern. Besonders der Muscat du Cap Corse gedeiht an diesen Berghängen ausgezeichnet. Doch für die kurvigen Straßen ist etwas Zeit mitzubringen!

 Einkaufen

Domaine Pieretti Hoch gelegener Muscat-Anbau unweit von Luri. ■ Luri, www.vinpieretti.com

Domaine Terra di Catoni Vermutlich sind die großen Palmen des Familienbesitzes von Christian Catoni so alt wie die Geschichte des Wein- und Olivenanbaus in diesem Landstrich. Im Angebot sind gute Weine, weitere hochwertige Produkte gibt's in der Snackbar der schattigen Terrasse. ■ Cagnano, Tel. 06 76/99 22 33, www.terradicatoni.com

ADAC *Wussten Sie schon?*

Viele Hotels, Bars und Geschäfte tragen keine **Straßennamen** – eine korsische Eigenart, die Außenstehenden hin und wieder Rätsel aufgibt und die Suche nicht immer leicht macht. Es wird gemutmaßt, dass da vor langer Zeit einmal die Absicht der Korsen eine Rolle spielte, sich nicht von den Franzosen kontrollieren zu lassen.

 Events

Fiera di u vinu Am ersten Wochenende im Juli versammeln sich in Luri Weinproduzenten der Region in fröhlicher Atmosphäre und bieten ihre Favoriten zur Verköstigung an.

Im Blickpunkt

Kalliste – die wilde Schöne

Erkennen Sie Korsika auch an seinen intensiven Düften wieder? Napoleon behauptete, so seine Heimatinsel identifizieren zu können. Hunderte von Pflanzenarten gibt es auf der Insel, Dutzende davon sind endemisch. Die unterschiedlichen Vegetationsstufen lassen auf Korsika in den verschiedenen Regionen und Höhenlagen eine kontrastreiche Flora entstehen, die im ganzen Mittelmeerraum einzigartig ist. An den exponierten Hängen der Küste und weiter im Inland gedeiht die ganze Vielfalt mediterraner Pflanzen: Mastixstrauch, Zedern, Erdbeerbaum, Baumheide, Lorbeer, Phönizischer Wacholder, Schwarzkiefer, Agave, Aloe, Myrte, Affodill, Lavendel, Klematis, Baumheide, Fenchel, Goldregen, Stranddistel, Strohblume, Thymian, Rosmarin, Zistrose, Myrte, Stechginster oder Schopflavendel – um nur die bekanntesten zu nennen. Die Zistrose nennt sich auf Korsisch »Mucchiu«, wovon sich der italienische Begriff »Macchia« bzw. der französische »Maquis« ableitet. Sie ist immergrün, blüht weiß, rosa und rot – und bedeckt weite Teile der korsischen Wildnis bis auf ca. 800 m Höhe. Doch den intensivsten Duft der Macchia verbreitet das Helichrysum – auch Mittelmeerstrohblume bzw. »Immortelle« genannt. Selbst extrem trockene Sommer können dieser Pflanze nichts anhaben. Und getrocknet duftet sie noch nach Jahren. Deshalb gilt sie als die »Unsterbliche«.

Übernachten

Gleich in der Nachbarschaft der Kulturschätze Bastias befinden sich Hotels in attraktiven Palazzi. Der Blick aus alten Zimmern mit hohen Decken fällt auf belebte Straßen und verwinkelte Gassen. Saint-Florent bietet die Wahl zwischen Eleganz und schlichtem Stadthotel, und das besondere Flair von Nonza lässt sich gut in den Abendstunden spüren, wenn Ruhe in die schmalen Gassen einkehrt. An der Route entlang des Cap Corse finden sich immer wieder individuelle Unterkünfte.

Bastia 66

€ | Hotel du Palais Zentral gelegene und kürzlich renovierte Pension im 2. Stock mit einem Dutzend aparter Zimmer, teils auch ohne Frühstück. Häufig schnell belegt. ■ Blvd. Paoli 2, 20200 Bastia, Tel. 04 95/31 06 94, www.hotel-du-palais-bastia.com

€–€€ | Hotel Central Das Haus bietet hübsch gestaltete, unterschiedlich große Zimmer und Suiten mit Balkon – zum Teil mit alten Möbeln, Gemälden und stilvollen Fußböden ausgestattet. Gutes Preis-Leistungs-Verhältnis! ■ Rue Miot 3, 20200 Bastia, Tel. 04 95/31 71 12, www.centralhotel.fr

€–€€ | Hôtel Posta Vecchia An der Promenade vor dem alten Hafen gelegen mit viel Meersicht. Das Palais verfügt über 60 Zimmer, einige sind eher nüchtern gestaltet, bisweilen auch klein. ■ Rue Posta Vecchia 8, 20200 Bastia, Tel. 04 95/32 32 38, www.postavecchia-bastia.com

Oletta 73

€ | Sant'Andria Freundliche Pension mit nettem Garten, Kinderbereich und Zimmern mit Terrasse. ■ Lieu-dit Corsu, 20232 Oletta, Tel. 04 95/38 41 47, www.hotel-santandria.com

Saint-Florent 74

€–€€ | Hôtel Tettola Schickes Strandhotel mit eigenem Pool und 30 Zimmern zur Meer- und Bergseite. Eigener Strandabschnitt. Attraktive Halbpension-Angebote in der Nebensaison. ■ 16 Tettola, 20217 Saint-Florent, Tel. 04 95/37 08 53, www.hoteltettola.com

€€€ | La Roya Elegantes Hotel mit eigenem Strand, großem Pool, Spa-Bereich und weitläufigem Garten. Diverse Zimmergrößen, minimalistisch gestaltet. Prämierte Küche. ■ Route de la Plage 2, 20217 Saint-Florent, Tel. 04 95/37 00 40, www.hoteldelaroya.com

Nonza 79

€–€€ | Casa Maria Kleine und älteste Privatunterkunft am Platz. Mit Terrasse, einige Zimmer etwas verwinkelt. Es gibt auch Apartments. ■ Chemin de la Tour, 20217 Nonza, Tel. 04 95/37 80 95, www.casamaria-corse.com

€–€€ | Relais du Cap In der Vorsaison hat das einzige Haus am Ufer der Marine de Negru auch den Strand für sich! Ca. 4 km südlich von Nonza. Neben den Zimmern ohne Bad gibt es auch ein Apartment. ■ Plage de la Marine de Negru, 20217 Ometa du Cap, Tel. 04 95/37 86 52, www.relaisducap.com

Port de Centuri 81

€ | Hôtel de la Jetée Kleines Haus mit schöner Terrasse, Hafenblick und einigen Zimmern mit Balkon zu durchweg passablen Preisen. ■ 1401 Port de Centuri, 20238 Centuri, Tel. 09 70/35 61 51, www.hotel-de-la-jetee-centuri.fr

€–€€ | Le Vieux Moulin Als die Familie Alessandrini im Jahr 1961 die Villa in ein Restaurant umbaute, umgab das Haus noch ein stiller Fischerort. Das exquisite Hotel hat eine schöne, leicht erhöhte Lage, die Zimmer sind hell und geräumig. ■ Le Vieux Moulin, 20238 Centuri, Tel. 04 95/35 60 15, www.le-vieux-moulin.net

Barcaggio 83

€–€€ | Hôtel Petra Cinta Angenehmes Haus mit wenigen Zimmern und einem Garten, der bis ans Meer reicht. Tauchgeräte, Kajaks und selbst Motorboote sind zu leihen. Im Bistro gibt es Snacks und Gerichte à la Carte.

■ 1 Barcaggio, 20275 Ersa, Tel. 04 95/36 87 45, http://hotelpetracinta.free.fr

Macinaggio 84

€ | Macinaggio Studios Schicke Ferienwohnungen mit Kochnische und allem Komfort für zwei Personen. ■ Zu buchen über www.interchalet.de

€€ | U Sant'Agnellu Kleine, komfortable Unterkunft mit viel Panorama bis hin zum entfernten Meer. Ideal auch für einen guten Imbiss bei einem Ausflug nach Rogliano. ■ Place de la Parrochia, 20247 Rogliano, Tel. 04 95/35 40 59, www.hotel-usantagnellu.com

Porticciolo 86

€–€€ | Villa Capfleuri Eine einladende, parkartige Anlage! In der stilvollen Villa, 100 m vom Meer entfernt, stehen vier helle Zimmer mit Terrasse zur Verfügung. ■ Lieu-dit Morteda, 20287 Meria, Tel. 04 95/35 00 98, www.villa-capfleuri.com

ADAC *Das besondere Hotel*

Als Barbara und Christian Andreani die **Casa Albina** am Fluss vor 30 Jahren renovierten, wollten sie ein »retrait dans la nature« schaffen. Dies ist mehr als gelungen. In der Tat zeigt sich hier der wirkliche Esprit einer Gîte: eine Landunterkunft mit fünf Apartments und Speisen aus dem eigenen Gemüsegarten. Gänse behüten das hübsche Steinhaus, Christian singt und ist ein kulturell engagierter Bürger des Ortes. **€–€€ | Mulinu Suttanu, 20253 Patrimonio, Tel. 04 95/37 00 57, www.casa-albina-corsica.com**

Der Osten und Costa Verde

Vom Zipfel der Lagune Biguglia zur Costa Verde – ein leicht zu erschließender Küstenabschnitt mit vielfältigen Ferienangeboten

Wie ein Vorspiel zu schroffen Bergen und ausgedehnten Kastanienwäldern präsentiert sich das korsische Flachland der Ostküste, auch als Plaine orientale bekannt. Es wird durch weite Lagunen und lange Sandstrände geprägt – ein gut besuchtes Feriendomizil, vor allem von Franzosen und Italienern. Die Costa Verde über Moriani-Plage nach Solenzara verbindet eine gut ausgebaute Infrastruktur.

Von der zum Landesinneren leicht erhöhten, wasserreichen Casinca mit ihren Obstplantagen geht es gen Süden weiter zu den schattigen Kastanienwäldern der Castagniccia. Hier ließen die genuesischen Besatzer im 14. Jh. Esskastanien anpflanzen, die in den folgenden Jahrhunderten zu einem Grundnahrungsmittel der Korsen wurden. Kurvige Straßen führen durch diese Region mit alten Dörfern, die es zwischen Vescovato und Cervione zu entdecken gilt. Die Region bei Aléria und Solenzara ist die Heimat großer Farmen, die auch Wein anbauen.

In diesem Kapitel:

ADAC Top Tipps:

Vescovato
| Dorf |

Klein, fein und gut versteckt – fast zu schade für eine Stippvisite. Besucher finden schöne Aussichten auf eine Bilderbuchpiazza, eine Kirchenloggia und intakte mittelalterliche kleine Gassen vor. Umgeben ist Vescovato von dichtem Mischwald und zwei Schutz bietenden Flüssen. 94

Das antike Aléria
| Ausgrabungsstätte |

Sicherlich die älteste städtische Siedlung der Insel, einst von Griechen gegründet und später von den Römern ausgebaut. Besonders eindrücklich präsentiert sich die umfangreiche Sammlung im Fort de Matra mit griechischen, etruskischen und römischen Fundstücken. 102

ADAC Empfehlungen:

 École d'Équitation de Haute-Corse, Marana
| Reitschule |
Reiten lernen oder Reitausflüge – die Gäste werden gut umsorgt. 93

 Penta-di-Casinca
| Bergdorf |
Der malerische Ort thront wie ein Adlerhorst auf einem Felsen. 95

 Musée ADECEC, Cervione
| Museum |
Viele bunte Geschichten vom einstigen Leben in der Castagniccia. 98

 Aux 3 Fourchettes, Cervione
| Restaurant |
Bistro mit alten Aromen und lustigen Details, originell und nostalgisch. 99

 Essences Naturelles, Bordeo
| Ölproduzent |
Stimulus für feine Nasen: ätherische Öle von bester Qualität, pur und auf natürliche Weise hergestellt. 101

Chambres d'hôtes du Anne-Cécile, Vescovato
| Zimmervermietung |
Die Frage, wie es sich in einem netten Stadthaus lebt, beantwortet sich hier auf sehr angenehme Weise. 105

10 Naturreservat Étang de Biguglia

Ein wichtiges Biotop der Zugvögel mit üppiger Strandvegetation

Mit knapp 1800 ha ist der Étang das größte Feuchtgebiet Korsikas. Außer den ca. 100 ganzjährig am Étang de Biguglia lebenden Vogelarten kommen im Sommer auch rosarote Flamingos in die seichten Sumpfwiesen des Biotops. In den Salzwiesen fühlen sich viele Zugvögel wohl, u.a. Blesshühner und zahlreiche Entenarten aus Mittel- und Nordeuropa verbringen den Winter hier. Neben Fröschen und Eidechsen gibt es auch Sumpfschildkröten. Alte Baracken am Rand der Lagune erzählen von der einstigen Fischerei. Heute ist der See als Réserve naturelle nur an ausgeschilderten Stellen zugänglich, und Besucher sollten sich an die Hinweisschilder, die die Schutzzonen ausweisen, halten. Dafür ist die schmale Küstenstraße, die Route de la Lagune, die östlich am See vorbeiführt, mit einem Weg ausgestattet, der Wanderer, Jogger und Radfahrer anlockt. Einige Pferderanches säumen ebenfalls die Route de la Lagune.

 Sehenswert

Écomusée du Fortin
| Museum |
Bereits die Lage am nördlichen Ende des Binnensees besticht, eine Terrasse mit Fernrohr bietet einen guten Ausguck. Im Inneren des Hauses erfährt man schließlich Wissenswertes zur Topografie und Geschichte des Sees.
■ Route de l'Étang, Tel. 04 95/33 55 73, tgl. 9–12, 13–17 Uhr, 2 €, Schüler und Studenten frei

Sainte-Marie-de-l'Assomption de Lucciana – La Canonica
| Kirche |
Die Basilika mit ca. 35 m Länge und wohlgeformter Apsis stammt aus dem

Nur ein schmaler Streifen Land trennt den Lagunensee Étang de Biguglia vom Meer

Jahr 1119 und ist ein imposantes Beispiel pisanischer Romanik. Sie entstand als Bischofssitz und verlor im Lauf der Zeit nach dem Ausbruch von Malaria, Überschwemmungen und Angriffen an Bedeutung. Der Sitz ging erst nach Vescovato und um 1440 nach Bastia über. Wie gefährdet dieser Ort durch das Meer bzw. die Golo-Mündung mit dem nahen Étang war, ist gut ersichtlich.

■ Lido de la Marana (südl. des Flughafens von Bastia), www.lucciana-mariana.com, 18. Juni–17. Sept. tgl. 8.30–12.30, 14.30–19 Uhr

Musée Archéologique de Mariana
| Museum |

Das Fürstentum Monaco finanziert den Bau eines imposanten archäologischen Museums. Das Mündungsgebiet des Golo-Flusses bzw. der Lucciana wählten bereits die Römer für einen Handels- und Militärstützpunkt bzw. für die Garnisonsstadt Mariana. Teile einer römischen Brücke und Spuren der frühchristlichen Besiedlung haben Ausgrabungen ans Licht gebracht. Aus diesen rund 2000 Jahren Siedlungsgeschichte seit der Römerzeit stellt das Museum kostbare Exponate, Keramiken, Glas, Goldschmuck und Gebrauchsgegenstände aus.

■ Route du Lido de la Marana (RN 193), Tel. 04 95/30 14 30, , ein virtueller Besuch ist auf www.musee-mariana.com jederzeit möglich, Eröffnung Herbst 2019

Verkehrsmittel

Südlich von Bastia erstreckt sich an der N 193 das Gewerbegebiet der Region. Weit reizvoller ist es, den Binnensee **Étang de Biguglia** von der Meerseite parallel zu befahren und von dort eine Stippvisite zu unternehmen.

ADAC *Mittendrin*

Kurven auf und ab – Stau Tag für Tag. Im Sommer regieren die Korsen gelegentlich allergisch auf fotografierende Fahrer, die den Verkehr verlangsamen oder Fahrer von Campingcars die nicht wendig wie ein Fiat Uno sind. Leicht verständlich, dass die Korsen einen **schneidigen Fahrstil** entwickelt haben, denn wie kommen sie sonst von A nach B ohne viel Zeiteinsatz. Und da Daumendrehen nicht ihrem Charakter entspricht, wallt das Blut in die Höhe und sucht Spiel am Gaspedal. Für manch einen sind also die gemächlich und oft unvorhersehbar agierenden Auswärtigen bisweilen eher eine potenzielle Gefahr.

Restaurants

€ | Plage de la Marana Einige Cafés und Restaurants bieten im Sommer eine schnelle Küche am Strand an.

€€€ | Hotel und Restaurant Pineto Fischgerichte und klassische französische Küche, umgeben von Pinien mit Meerterrasse. ■ Lagune de la Marana, Tel. 04 95/95 33 68 28, www.hotelpineto.com

Sport

⑦ **École d'Équitation de Haute-Corse** Ein abwechslungsreiches Programm mit Reitschule, Ponyritten oder Exkursionen bietet diese professionelle Anlage. Eine ideale Möglichkeit für Kinder und Jugendliche, die Lagune zu erkunden. ■ Cordon Lagunaire de la Marana, Furiani, Tel. 04 95/30 23 82, http://colas.pf.free.fr

Wandern

Wanderung am Étang de Biguglia
Die Route de la Lagune ist einfach zu begehen und kann auch direkt am Meerufer gemacht werden (9–10 km Länge, der Zugang im Süden von der T 11 bzw. Torricella ist ca. 4 km lang). Zwischen Meer und Straße erstreckt sich eine Vegetation mit verschiedenen wilden Ginstersorten, die bis in den Sommer kräftig gelb blüht.

11 Vescovato

 Ideale Dorfwelt mit herrlicher Piazza unter betagten Platanen

Information

■ Mairie de Vescovato, Place Luce de Casabianca, Tel. 04 95/36 70 19

Ein sympathischer, wenig besuchter Ort an dem die Region Casinca Geschichte geschrieben hat. In dieses auch heute noch vollkommen intakte mittelalterliche Dorf zog sich nämlich der Bischof aus La Mariana zurück, und so entstand der Name des Ortes, der bis 1570 Bischofssitz blieb (»vescovo« bedeutet auf Korsisch Bischof). Die nahe Kathedrale in der Ebene war immer wieder Überfällen und Überschwemmungen ausgesetzt, während die geschützte Lage des Ortes, umgeben von Oliven- und Kastanienwäldern, Sicherheit bot.
Alte Platanen überspannen die Grand Place – deren nette Cafés die breiten Schattenflächen nutzen. Schnell sind von hier die kleinen schmalen Gassen, eine renovierte Wassermühle am Cintora-Fluss und aussichtsreiche Terrassen des Ortes erklommen.

Sehenswert

Église San Martin
| Kirche |
Entstanden im 14. Jh., dann 1646 mit barockem Interieur umgebaut. Hübsch ist der unterhalb der Kirche zum Parkplatz verlaufende Bogengang, wo auf einer Schautafel an die Geschichte des Ortes und die Bischöfe erinnert wird, die sich hier mehr als 200 Jahre aufgehalten hatten. Das rührende Ein-Zimmer-Museum (Schlüssel im Büro der Mairie) zeigt eine kleine Sammlung mit Requisiten aus der Vergangenheit zu Landwirtschaft, Schule und der einst aktiven Bruderschaft des Ortes.
■ Tgl. 8–19 Uhr

Parken

Parking auf der Grand Place.

Restaurants

€ | **Chez Lando** Traditionelle Küche, serviert auf der Place San Lucie. Kleine Auswahl, frisch zubereitet. ■ Place San Lucie, Tel. 04 95/48 43 86
€ | **L'Ortu** Das bei Einheimischen beliebte Restaurant liegt recht beschaulich am Hang, etwa 1 km in Richtung Venzolasca. Gegessen wird im Garten. Es gibt auch leckere vegetarische Gerichte, alles Gemüse kommt aus dem eigenen Anbau. Ein Holzbungalow mit einem schönen Panorama ist wochenweise zu mieten. ■ Route de Venzolasca, Tel. 04 95/36 64 69, Mo/Di zu.

Einkaufen

Épicerie A Merendell Auf den Tisch kommen korsische Spezialitäten aus der Region. ■ Piazza Casabianca

Wandern

Wanderung am Fluss und Bassins an der oberen Cintora Ein kleiner Weg führt oberhalb der Grand Place vom Ort in nördlicher Richtung auf einem Eselspfad zum angrenzenden Berg. Verlassene Olivengärten, alte Terrassenmauern und Edelkastanien säumen den Weg. ■ Genaue Beschreibung in der Mairie erhältlich, Höhenunterschied ca. 300 m, Gesamtstrecke ca. 4 km.

Wanderung von Venzolasca Nicht weit von der schlichten Église de Sainte-Lucie beginnt der Pfad zur Kapelle San Antonio, zu den Ruinen des alten Franziskanerkonvents und zahlreichen Wassermühlen, von den einige inzwischen renoviert wurden.

 In der Umgebung

Loreto do Casinca
| Dorf |
Dieser auf 630 m gelegene Ort überrascht mit fantastischem Ausblick bis Bastia und einer schönen Piazza. Er wird auch »Adlerhorst der Casinca« genannt. Ein monumentaler Brunnen liegt am Ortseingang. Um die schattige Piazza gruppieren sich Cafés und das Restaurant U Rataghju mit Regionalküche. Von Vesovato führt ein enger Pfad zum Ort (ca. 7 km), die asphaltierte, wenig befahrene Straße windet sich über 9 km hoch nach Loreto. Stimmungsvoll präsentiert sich auch der Straßenabschnitt nach Penta-di-Casinca (11 km) und Piedicroce (25 km) durch die zentrale Castagniccia mit ihren uralten Edelkastanien.

12 Penta-di-Casinca

 Ein Bilderbuch-Bergnest und immer noch gut belebt

Um einen mächtigen Felsen schmiegt sich dieser kleine Ort, dessen 250 Einwohner ihre Häuser und Gassen mit viel Leidenschaft pflegen. Besonders Reizvoll ist die Piazza am Ortseingang. Von hier bietet sich ein toller Panora-

Das Bergdorf Vescovato, der Hauptort der Casinca, war jahrhundertelang Bischofssitz

Dichte Kastanienwälder umgeben Piedicroce im Herzen der Castagniccia

Restaurants

€ | U Fornu Serviert werden prima Antipasti mit Tapas und Wurstspezialitäten, dazu korsische Gerichte. ■ Village du Penta, Tel. 06 13/08 39 48

€ | U Rataghju Rustikales Bistro mit Kamin und warmer Atmosphäre in der frischen Jahreszeit. Wildschwein- und Ofengerichte. ■ Pielaterra, Loreto di Casinca, Tel. 04 95/36 30 66

Events

Im Sommer finden ein Kunstfest sowie ein kerzenbeleuchteter Umzug zu **Sainte Marie** (15. Aug.) viel Beachtung.

13 Piedicroce

Bergnest mit viel Eigenart und einer langen Tradition des Widerstands

Information

■ Infopoint Castagniccia, Piedicroce, Tel. 04 95/33 38 21, www.castagniccia-maremonti.com

Am Ostermontag wird alljährlich in Piedicroce – nur eines der vielen beschaulichen Dörfer der Castagniccia – die Fiera di a Merendella, ein fröhlicher Kunsthandwerkermarkt, abgehalten. Auf dieses Ereignis fiebern der Ort und mit ihm talentierte Kunst- bzw. Messerschmiede sowie Töpfer der Region bereits Monate zuvor hin.

Jedes Schulkind kennt die Geschichte des Ortes, denn in dem ehemaligen Franziskanerkloster von Orezza traf sich der Widerstand gegen die Genuesen, versteckte auch Waffen und rief von hier im Jahr 1735 die korsische Unabhängigkeit aus. Traurige Bekannt-

mablick auf das italienische Inselarchipel vor der Küste der Toskana – gut zu erkennen auch vom Rundweg »Le Boucle«, der unterhalb der Piazza beginnt. An der Piazza verweist eine kleine Tafel auf eine Persönlichkeit des Ortes. Der bekannte Komponist und Dirigent Henri Tomasi (1901–1971) fand hier seine letzte Ruhestätte.

Wer von hier durch verschlafene Orte in die Castagnaccia kurvt, sollte jedoch hellwach sein, denn die halbwilde regionale Schweinerasse Procu nustrale oder Gruppen von Bergziegen können hier plötzlich die Straße versperren. Kastanien und Eicheln lesen die Schweine mit Vorliebe am Straßenrand auf, oft gänzlich unbeeindruckt von Autos oder Passanten.

heit erlangte die Zerstörung des Klosters 1943 durch deutsche Bomber.
Der Ort am Fuße des Monte San Petrone (1767) hat eine große Kirche mit eleganter barocker Fassade und Holzschnitzereien aus dem späten 16. Jh. In der Nähe befindet sich das ehemalige Kloster Alesani, wo Theodor von Neuhoff 1736 zum König von Korsika gekrönt wurde. Auch die Mineralquellen von Orezza, inmitten der trinkwasserreichen Region, sind berühmt.

Sehenswert

Musée Maison Natale de Pasquale Paoli
| Museum |

Hier kamen Vater Giancinto und Sohn Pasquale zur Welt! Direkt neben dem bewohnten Teil des betagten Hauses befindet sich das kleine Museum. Neben Münzen aus Murato und Objekten aus der Zeit der Unabhängigkeit ist das erste auf Korsika gedruckte Buch von 1758 »Die Rechtfertigung der korsischen Revolution« zu sehen. Die Urne von Paoli gelangte aus der englischen Westminster Abbey in die Hauskapelle. Ein Video gibt Einblicke in sein stürmisches Leben.
■ Morosaglia, Mai–Sept. tgl. Mi–Mo 9–12, 13–18, Okt.–April 10–12, 13–17 Uhr

ADAC *Wussten Sie schon?*

Jean-Jacques Rousseau war ein großer Bewunderer der neuen Verfassung Korsikas von Pasquale Paoli und widmete das zweite von drei rechtsphilosophischen Werken der Verfassung von Corte. Seine Überzeugung, dass der Mensch frei geboren sei und überall in Ketten läge, betrachtete er hier musterhaft.

Hameau de Pastoreccia
| Landgut |

Die Trockenspeicher und die Kastanienverarbeitung des alten Hauses nutzten die Urgroßväter von Jean Minicucci bereits. Ein Besuch im Herbst nach der Ernte ist besonders eindrucksvoll.
■ Route de Pastoreccia (ausgeschildert), Tel. 06 12/10 28 55, tgl. 10–18 Uhr

Orezza Source Corse
| Unternehmen |

Frisches Quellwasser sprudelt direkt im Ort: Die Produktionsstätte des kalzium-, magnesium- und kaliumhaltigen Mineralwassers Eau d'Orezza bietet geführte Besuche und einen Direktverkauf (nähere Infos am Eingang).
■ Place de Orezza, Frazione Rapaggio, www.orezza.fr

Parken

Parkmöglichkeit am Ortseingang.

Restaurants

€€ | **Osteria U Conventu** Hochgelobte Inselküche, serviert in einem attraktiven Ambiente. ■ Le Couvent (30 Min. nordwestl. von Piedicroce in Morosaglia, Tel. 06 78/45 31 57

€€ | **Restaurant Le Refuge** Die Gaststätte bietet eine rustikale Küche à la carte, Spezialität des Hauses sind Brot, Kekse und Kuchen aus Kastanienmehl. Es gibt auch funktionelle Doppelzimmer sowie Apartments. ■ Place d'Église, Piedicroce, Tel. 04 95/32 25 81

Events

Vierte á la Verise Jährliche Prozession, bei der die »Kirschenjungfrau« durch den Ort getragen wird. ■ 8. September

Vom Bergdorf Cervione bietet sich ein fantastischer Blick auf die Ostküste Korsikas

14 Cervione

Die kurzzeitige Hauptstadt Korsikas glänzt durch vornehme Stadthäuser

 Information

■ Infopoint, A Traversa Pierre Louis Niccolai, Tel. 08 90/03 79 70, www.castag niccia-maremonti.com

Elegante Stadthäuser säumen kleine Gassen mit schwarzem Schieferbelag hinunter zur Hauptstraße. Ein Hauch von überlieferter Kultur liegt in der Luft. In lebendigem Apricot strahlt die Kathedrale Sainte-Marie, daneben liegt das alte bischöfliche Seminar, heute Sitz des ADECEC, eines der spannendsten Geschichtsmuseen der Insel. Mit seinen rund 1500 Einwohnern ist Cervione der größte Ort der Costa Verde. Das Bild von Cervione dominieren das bekannte College Pescetti und einige Stadtpalazzi – entstanden unter König Theodor I., der den Ort 1736 für ganze sieben Monate zur Hauptstadt des Königreichs Korsika machte. Baron von Neuhoff (1694–1756), aus westfälischem Adel, half den gegen Genua kämpfenden Korsen, erntete reichlich Dank dafür und ließ sich zum König der Insel ausrufen – dem einzigen König, den Korsika je besaß. An vielen Stellen des Ortes auf knapp 400 m Höhe ist das nahe Bergland gut zu erkennen, in der Ferne schimmert das Meer. Gutes Trinkwasser liefert die alte Source Funtanone am westlichen Ortseingang.

◉ **Sehenswert**

Musée ethnographique (ADECEC)
| Museum |

 Das Sprachrohr aus der recht belebten Vergangenheit der Region Einen Zeitsprung erlebt, wer die zahlreichen, thematisch geschickt unterteilten Räume durchläuft. Schmiedewerkstatt, Bauernküche, Utensilien des einstigen Alltags und Sammelstücke aller hier vertretenen Handwerkszweige vermitteln einen lebhaften Eindruck vom Alltag der Castagniccia.

Neben Dokumenten und Zeichnungen von König Theodor I. gibt es Hinweise zur korsischen Sprache und zur lokalen Radiostation »Voce Nustrale«. ■ Piazza Ghjuvanni Simonetti, Tel. 0495/38 1283, www.adecec.net, Mo–Sa 9–12, 14.30–18 Uhr, 3 €, erm. 2 €

 ## Restaurants

 € | Aux 3 Fourchettes Bereits der Großvater von Michel Valrié verstand sich auf die Herstellung von köstlichem Myrtelikör und Vin d'Orange. Weitere Erzeugnisse sind im gemütlichen Bistro zu entdecken: Konfitüren, Haselnusscreme und Weine aus eigenem Anbau. Neben einem preiswerten Tagesmenü gibt es Wildschweinterrine und »ratatouille cervionaise«, »cannelloni au brocciu« sowie Käse aus der Region. ■ Place de l'Église, Tel. 0495/38 1486, www.aux3fourchettes.com

ADAC *Mittendrin*

Die **Haselnusscreme** aus Cervione gab es längst, bevor eine italienische Geschäftsidee mit Zucker und Palmfett weltbekannt wurde. Denn Haselnüsse werden hier in großen Mengen geerntet und sind ein wenig der Stolz der Region. Entsprechend gut sind die Zutaten und Aromen, die für diese Köstlichkeit Verwendung finden.

 ## Cafés

Café des Platanes Das betagte Café mit frischem Antlitz serviert Snacks und eine leichte Küche. ■ Route a Traversa

 ## Events

Am letzten Augustwochenende steigt das Haselnussfest, die **Fête Noisette**.

Im Blickpunkt

Die Esskastanie – der Brotbaum Korsikas

Die Bergwälder der Castagniccia gehören zu den urtümlichen Wäldern des Mittelmeergebiets und vermitteln einen Eindruck davon, wie die ursprüngliche Vegetation einmal ausgesehen haben muss. In den tiefen Wäldern finden sich majestätische Bäume, die hunderte Jahre alt sind. Berühmt sind die korsischen Köstlichkeiten nach überlieferten Rezepten aus Kastanienmehl. Denn die einst reiche Castagniccia, die »Region der Kastanie«, besaß ein Zigfaches der verbliebenen 30 000 ha Kastanienwald. Das Mehl war lange der Eckpfeiler der korsischen Ernährung und die letzte Nahrungsreserve in Kriegszeiten. Neben Brot und Gebäck gab es auch »pulenta«, einen nahrhaften Kastaniengries. Gegen Ende des 19. Jh. führte importiertes Weizenmehl, verstärkt durch einen Schädlingsbefall der Kastanien, zum Niedergang der Kastanienkultur. In den Wäldern bei Piedicroce dient die ehemalige Grundnahrung der Korsen heute als Futter der halbwilden Schweinerasse – ihr trocken geräucherter Schinken gilt als besondere Delikatesse. Auch die steigende Nachfrage nach kulinarischen Leckereien und Gebäck, darunter der »flan du chaitagne«, gab dem einstigen »Brotbaum« der Insel langsam wieder Auftrieb.

15 Moriani-Plage

Ein beliebter, typisch französischer Ferienort, der keine Langeweile kennt

Information

■ Tourismusinformation, an der T 10 im Ortszentrum, Route de Moriani, Tel. 04 95/38 41 73, www.castagniccia-maremoti.com

Das kleine funktionale Zentrum der Costaverde ist vom Biomarkt bis zum Campingbedarf recht gut sortiert. Ferienanlagen, Campingplätze und originelle Restaurants sind leicht zu finden, und neben der kleinen Strandpromenade locken attraktive Angebote weiter im Landesinneren bei San Nicolao. Ein schöner Weg, die heimische Flora zu entdecken, bietet der frei zugängliche Pflanzenlehrpfad der Gemeinde, während das Kulturzentrum Parc Galea mit einer schnittigen Gartenarchitektur und Veranstaltungen aufwartet. Eine Tafel auf dem Weg zur kleinen Meerpromenade verweist auf Giacinto Paoli und seinen damals 14-jährigen Filius Pasquale, den die Genuesen 1739 von hier ins Exil nach Neapel schickten.

Sehenswert

Sentier Botanique
| Lehrpfad |

Frei in der Natur liegt dieser attraktive Pfad mit über 50 verschiedenen typischen Pflanzenarten. Er beginnt an der Pfarrkirche von San Giovanni di Moriani, Richtung San Nicolao (Dauer 3–4 Std.). Eine informative Broschüre listet alle Arten auf, eine Beschreibung der Route ist bei der Tourismusinformation in Moriani-Plage erhältlich.

Parc Galea
| Freizeitareal |

Hier tritt französische Eleganz auf den Plan: Freizeitpark und Veranstaltungsort, Aquarium und Garten mit schattigen Ausstellungspavillons auf rund 10 ha mit einer recht kontrastreichen Gestaltung der Landschaftsflächen.

■ An der T10 Richtung Folelli, Route de la Mer, Taglio Isolaccio, www.parcgalea.com, tgl. 14–18/19 Uhr, 6 €, erm. 3 €

Parken

Parking de la Plage/Abzweigung D 34.

Restaurants

€ | A l'abri des Flots Café und Restaurant mit Piff. An einer Innenwand befindet sich eine skurrile Pinnwand, draußen bietet eine nette Terrasse viel Raum. Neben Eis- und Fruchtsaftspezialitäten, Holzofenpizza und guten Pastagerichten gibt es einen kleinen Hotelbetrieb. ■ Route de la Mer, Tel. 04 95/38 40 75, www.abridesflots.com

€ | Snack le Cascade 500 m südlich von Bordeo am Fluss gelegen. Das originelle Gartencafé mit Kräuter- und Gemüseanbau bietet seinen Gästen frische Fruchtsäfte, Panini und Salate aus biologischem Anbau. ■ Lieu-dit Puntimoso, Tel. 06 20/49 45 82

€–€€ | A Pota Marina Fast mit den Füßen im Meer stehen die Tische der beliebten Terrasse. Gute Fischgerichte. ■ Meerpromenade, Tel. 09 52/72 25 48

Cafés

Aromacafe Hier gibt es köstliche Snacks, Salate, Säfte und Kuchen (darunter einen feinen Fruchtcrumble). ■ Ferme Bordeo, Mo–Fr 10–18 Uhr

Einkaufen

(11) Essences Naturelles Hochqualitative ätherische Öle bzw. Duft- und Heilöle aus eigener Produktion mit kleinem Direktverkauf. Gegründet von dem Anthroposophen Albrecht von Keyserlingk aus der bekannten deutschen Dynastie, der sich in dieser Region vor einigen Jahrzehnten niederließ. Der hübsche Heilpflanzengarten ist während der Öffnungszeiten mit und ohne Führung zu besichtigen. ■ Ferme Bordeo (2 km landeinwärts), Tel. 04 95/38 46 04, www.essences-naturelles-corses.fr, Juni–Sept. Mo–Sa 10–12.30, 15–19, Okt.–Mai Mo–Fr 10–12, 14–17 Uhr

L'Arbre a Pain Feine Boulangerie und Pâtisserie. ■ An der T10 in der Ortsmitte

Markt Jeden Samstag bis zur Mittagszeit. ■ Nördl. des Ortes an der T10

16 Aléria

Von Griechen begründet, unter den Römern eine florierende Großstadt

Information

■ Tourismusinformation, Av. Saint-Alessandre Sauli 80, Tel. 04 95/57 01 51

Alte Wurzeln hat dieser Ort, denn etwa 560 v. Chr. gründeten hellenische Seeleute aus Phokaia das einstige Alalia, wie Herodot berichtet. Seine Blütezeit erlebte der Ort unter den Römern ab 259 v. Chr, deren Siedlung heute südlich der Stadt zu besichtigen ist. Die Mündung des Tavignano bot eine ideale Voraussetzung für die Besiedlung. Später wurde Aléria zu einer wichtigen Militärstation und zum prunkvollen Verwaltungssitz Korsikas ausgebaut, bis die Vandalen die Stadt schließlich

Im Fort Matra bei Aléria sind antike Fundstücke und Grabbeigaben ausgestellt

zerstörten. Davon erholte sich Aléria erst im 13 Jh. wieder. Das antike Aléria liegt auf einer aussichtsreichen Anhöhe mit einem weitem Forum und der Festung Fort Matra. Es gibt einige feine Strände wie die Plage du Padulone bei Tavignano bzw. in Richtung Süden.

 Sehenswert

Musée d'Archéologie Jérôme-Carcopino, Fort Matra
| Museum |

Neben der Ausgrabungsstätte liegt das restaurierte Fort Matra, eine genuesische Burg aus dem 15. Jh. mit vielen Fundstücken aus der jungsteinzeitlichen, griechischen, etruskischen und römischen Zeit. Aus der Nekropole Casabianda stammen reiche Grabbeigaben, die auf den Wohlstand der letzten

Aléria war unter römischer Herrschaft die bedeutendste Stadt auf Korsika

Epoche verweisen. Die ausgezeichnet erhaltenen Amphoren, Vasen und Kelche zieren mythologische Szenen und berichten von einer reichen Tierwelt.

■ Fort Matra, Voie Via Romana, 16. Mai–Sept. tgl. 9–12, 13–18, Okt.–15. Mai tgl. 8–12, 13–17 Uhr (Okt.–März So geschl.), 2 €, erm. 1 €

Das antike Aléria

| Ausgrabungsstätte |

 Ein antike Großstadt: Von hier aus kontrollierten die Römer Korsika Ein Faltblatt erklärt das Ausgrabungsgelände mit dem noch erkennbaren Forum und Tempelresten als Zentrum des gesellschaftlichen Lebens. Zwei Hauptstraßen teilten die antike Stadt: der Decumanus auf der Ost-West-Achse sowie der Cardo auf der Nord-Süd-Achse zum Südtor hin. Am Zugang zur südlichen Hauptstraße und am Eingang zur nördlichen Galerie im Osten erhoben sich zwei Monumentalbogen. Eine Thermalanlage (Balneum) gehörte ebenfalls dazu und war bis ins 5 Jh. in Betrieb. Die Anlage ist vom Fort Matra (mit Ticketverkauf) aus zugänglich.

■ Kombiticket mit dem Fort Matra, Öffnungszeiten siehe dort

P Parken

Am besten in der Rue Fred Scamaroni.

¶ Restaurants

€€ | **Au Coquillages de Diana** Bekannt für seine guten Austern- und Fischgerichte mit schöner Lage am Étang de Diane. ■ Étang de Diane, ausgeschildert, Tel. 04 95/57 04 55

€€ | **Ferme d'Urbino** Das auf einem Ponton gleitende Restaurant befindet sich 6 km südlich von Aléria. ■ Étang d'Urbino, Tel. 04 95/57 30 89

Ghisonaccia

*Ein belebter Ferienort mit großem Sport-
angebot zwischen Bergen und Meer*

i Information

■ Tourismusinformation, Route de
Ghisoni, Tel. 04 95/56 12 38, www.corse
orientale.com

Kleine, vom Obst- und Weinanbau pro-
fitierende Ortschaft an der Fiumorbo-
Mündung. Reizvoll sind die nahe gelegenen Brackwasserseen, die Étangs,
welche ein fast 400 ha großes Naturschutzgebiet umgibt. Die Sandstrände
des Urlaubsortes mit zahlreichen Ferienanlagen und Campingplätzen sind
schmal, bieten aber auch Platz weiter
entfernt vom Ort, etwa in Richtung des
Hafens Marina di Solaro. Ghisonaccia
wartet mit vielen Freizeitmöglichkei-
ten auf: Reitausflüge am Meer und
landeinwärts, Segelfliegen oder Fallschirmspringen am Aérodrome.

Sehenswert

Église Saint Michel
| Kirche |
Von außen eher unscheinbar, im Inneren prächtig: Sehr schöne Fresken
im griechisch-byzantinischen Stil mit
Szenen aus dem Neuen Testament
sind hier zu bestaunen.
■ Rue San Michel

Domaine de Pinia
| Naturschutzgebiet |
Das 360-ha-Areal mit Ginster, Kiefern
und Dünenvegetation verläuft nach
Norden zum Étang d'Urbino. Einen
Wegeplan gibt das Tourismusbüro
heraus (siehe unter Information).

Château de Covasina
| Burg |
7 km südwestlich bei Ventiseri liegt
diese Burgruine mit kleiner Kapelle, die
wohl karolingischen Ursprungs ist und
auf das 9. Jh. datiert wird.
■ Frei zugänglich

Parken

Parkmöglichkeiten direkt am Tourismusbüro in der Route de Ghisoni.

Restaurants

€–€€ | **O Resto** Bildartig gestaltete, kre-
ative Salat- und Snackteller mit guten
Zutaten, korsischem Nackenschinken,
Ziegen- und Schafskäse. Nicht weniger
spektakulär sind die Desserts! ■ T 10,
Maison Medori, Tel. 04 95/56 00 39

Kinder

Cavalli & Co Reitstation am Étang
d'Urbino. ■ Ausgeschildert, Tel. 06 49/
93 96 18

ADAC *Wussten Sie schon?*

Mehr als ein Dutzend Strände sind
auf Korsika dem nahtlosen Braun
vorbehalten – die sinnliche Bezeichnung »Plages naturistes«
sollte für Hinweisschilder im Kopf
behalten werden, denn diese
Strände sind oft nicht leicht zu finden. Es gibt auch Ferienanlagen,
die über FKK-Strände verfügen:
Corsica Natura, Club Corsicana,
Tropica, U Furu oder Bagheera.
Ein digitaler Strandführer mit genauen Detailkarten benennt bei
»Plages« auch FKK-Strände (www.
plages.tv/naturiste/liste-corse).

Sport

Fallschirmspringen Sowohl individuelle Sprünge wie auch Tandemsprünge. ■ Aérodrome, Tel. 06 76/85 32 53
Segelflug-Zentrum Ghisonaccia-Alzitone. ■ Aérodrome de Ghisonaccia, Tel. 06 71/23 35 49

 In der Umgebung

Ghisoni
| Dorf |
Hoch am Rande des Fiumorbo-Tals am Monte Renosso liegt das knapp 30 km entfernte Dorf, umgeben von dichten Kastanienwäldern.

Prunelli di Fium'Orbu
| Dorf |
Reizvoller Ort zwischen Tälern und Hügeln mit einigen markierten Wanderwegen des Parc naturel, u.a. zu den Dörfern Chisa und Serra di Fiumorbo.

18 Solenzara

»Sonniger Platz mit Hafen« nannten die Römer einst diese Siedlung

Für viele Besucher stellt der Jachthafen des Ortes eine Attraktion dar, da der Hafen nicht den üblichen künstlichen Anlagen gleicht. Er ist nicht sehr groß, was ihm einen gewissen Charme verleiht und verfügt über eine Tauchstation. Südlich der Marine de Solare lohnen schöne Strände, nördlich vom Fluss Travo erstreckt sich allerdings ein militärisches Sperrgebiet. Vom Café Glacier du Port genießen Einheimische und Besucher das Treiben am Hafen. Am Wildbach Solenzara im nahen Inland finden sich dichte Wälder mit Kiefern, Stein- und Korkeichen.

 Parken

Es gibt eine Parkmöglichkeit am Hafen.

 Restaurants

€€ | A Marina Erste Adresse in Sachen Meeresfrüchte und Fisch. Mit großer Terrasse zum Hafen. ■ Route de Port, Tel. 04 95/56 19 65

 Kinder

Club Nautique Wassersportangebote im Hafen von Solenzara, auch Stand Up Paddling. ■ Port Solenzara, Tel. 06 38/ 02 45 30, www.cnaleria.blogspot.com

 In der Umgebung

Col de Bavella
| Landschaft |
Zwischen Wolken und Meer: Die ganze landschaftliche Vielfalt der Costa Verde kann man auf einer Halbtagestour zum Col de Bavella entdecken. Die kontrastreiche Strecke führt von Solenzara über Argiavara auf der D 268 in luftige Höhen. Nachdem Wald von Tova geht es zum Col de Larone mit einem ersten Blick auf das Hochgebirge. Der Solenzara-Fluss führt durch enge Schluchten und dichte Steineichen- und Schwarzkiefernwälder. Die glasklaren Bassins sind mit eiskaltem Bergwasser gefüllt. Nach rund 45 Autominuten ist der Pass (1218 m) erreicht und gibt den Blick frei auf die Felsnasen und Bergspitzen der einzigartigen Felsformationen der Aiguilles de Bavella. Weiter geht es über Zonza in der waldreichen Rocca und den Monte Cavia (1378) nach Sainte-Lucie oder über das Hochplateau von Ospedale nach Porto-Vecchio.

Übernachten

Die Costa Verde verfügt über Unterkünfte aller Couleur. Zwischen Moriani-Plage und Solenzara findet man auch gehobenere Ferienanlagen, oft als »résidence« bezeichnet. Eine Alternative könnte es sein, das üppige Hinterland zu erkunden, dort in kleinen, gemütlichen B & Bs Quartier zu beziehen und von hier aus die Küste zu besuchen. In den ursprünglichen Dörfer der Castagniccia und der Casinca gibt es eine Menge zu entdecken.

Étang de Biguglia 92

€€ | Hôtel La Lagune Hübsches Strandhotel mit 40 Zimmern, Pool, Restaurant und vielen Extras. ■ Lagune de la Marana, 20290 Lucciana, Tel. 04 95/ 58 63 00, www.hotel-la-lagune.com

Vescovato 94

⑫ **€ | Chambres d'hôtes du Anne-Cécile** Komfortable Zimmer und Apartments hinter dem Zentrum. Ruhig gelegen mit Balkon zum Fluss. Es lockt ein sorgfältig renoviertes Ambiente mit moderater Modernität und Spuren der Vergangenheit. ■ Rue Caserna, 20215 Vescovato, Tel. 06 11/ 19 86 51, E-Mail corsicanne@yahoo.fr

Penta-di-Casinca 95

€ | Chambres d'hôtes U Casone Ruhig und gut umsorgt: fünf geräumige Zimmer in einem hübschen Stadthaus. ■ 20123 Penta-di-Casinca, Tel. 04 95/37 63 04, www.u-casone.com

Cervione 98

€€ | A Balamata Ein Palazzo aus dem 19. Jh. mit drei Schlafzimmern, weiteren Apartments und Räumen Richtung Meer, in der Nachbarschaft der Église Sainte-Marie. ■ À Traversa, 20221 Cervione, Tel. 06 23/50 10 68

€€ | Villa Bella Vista Ruhig gelegenes Haus mit einer geräumigen Ferienwohnung. ■ Valle di Campoloro, 20221 Cervione, Tel. 04 95/38 14 86, www.aux 3fourchettes.com/villabellavistacorse

Moriani-Plage 100

€–€€ | Résidence Le Pascal Paoli Ferienapartments für zwei bis acht Personen. ■ 20230 Moriani-Plage, Tel. 06 03/ 83 37 03, www.residence-corse.com

Ghisonaccia 103

€€ | Casa di Maria Cicilia Moderne und komfortable Doppelzimmer. Das Restaurant Le Pation serviert korsische und französische Gerichte. ■ Route de Ghisoni, 20240 Ghisonaccia, Tel. 04 95/ 56 00 41, www.casamariacicilia.com

Solenzara 104

€€ | Résidence Mare e Monte Fünf attraktive Strandvillen zwischen 40 und 200 m² mit Pool. Landschaftlich gut integriert. ■ Ca. 10 km in Richtung Favone, 20145 Sari Solenzara, Tel. 04 95/ 73 23 06, www.mare-monte.com

Das Cortenais und Alta Rocca

Wege in das wilde Hochgebirge, dramatische Schluchten und abgelegene Hochtäler – sowie ein Besuch des kulturreichen Corte

In diesem Kapitel:

Ausgedehnte Wälder mit Schwarzkiefern und Edelkastanien sowie Stein- und Korkeichen bedecken große Flächen dieser dünn besiedelten Region. Weit über sie hinaus reicht der Parc naturel régional de Corse mit zahlreichen 2000er-Gipfeln und dem Monte Cinto mit 2706 m Höhe – durchzogen vom legendären GR 20-Wanderweg.

Die artenreichen Wälder und Schluchten bieten viel Raum für Entdeckungen und sind ein Eldorado für Bergwanderer und Naturliebhaber. Und immer wieder verschlafende Dörfer: Selbst kleinste Ortschaften der Region erzählen von einer unruhigen Vergangenheit, Widerstand und Schutz suchenden Bewohnern. Die Bezeichnung Alta Rocca (»hoher Felsen«) bezieht sich übrigens nicht auf die hohen Berge der Gegend, sondern auf die korsische Adelsfamilie della Rocca, die hier Jahrhunderte das Leben in der schwer zugänglichen Region bestimmte.

ADAC Top Tipps:

5 **Zitadelle von Corte**
| Festung |

Eine beeindruckende Felsbastion – immer wieder umkämpft, erobert und belagert. Inzwischen wurde die Zitadelle architektonisch gelungen zu einem sehenswerten Museum ausgebaut, das detailreich die Geschichte der Insel in lebensnahen Bildern und Modellen erzählt. 109

6 **Pianu di Livia bei Levie**
| Festung |

Wenige Orte im nördlichen Mittelmeer berichten so packend von der neolithischen Revolution bzw. den Lebensgewohnheiten der ersten sesshaften prähistorischen Gruppen – umgeben von einem magischen Wald und Monumenten weiterer Epochen. 120

ADAC Empfehlungen:

13 FRAC – Fonds Regional d'Art Contemporain, Corte
| Museum |
Fakultät für Korsische Sprache und Kunstort der Moderne – was das gestern und heute aufschlussreich miteinander verbindet. 110

14 Trekkingtour in der Restonica-Schlucht
| Wanderung |
Wildwasser hören, weit sehen und tief durchatmen. Herrliche Wanderwege führen von der Schlucht hinauf

zum Lac de Melo mit spektakulärem Panoramablick in Richtung Tal. 114

15 Plateau du Coscione
| Landschaft |
Weite und Einsamkeit – wie sich das Leben der Transhumanz in der Abgeschiedenheit anfühlt. Entweder auf Pfaden zu Fuß oder auf dem Pferderücken ein tolles Erlebnis. 122

16 Bains de Caldane, Sainte-Lucie-de-Tallano
| Thermalbad |
Mineralhaltiges, heißes Thermalwasser, ganz so wie es die Natur liefert. 122

19 Corte

Die gefühlte Hauptstadt der Insel auf einem Hochplateau

![Enge, steile Gassen führen zu den verschiedenen Ebenen im Zentrum von Corte]

Enge, steile Gassen führen zu den verschiedenen Ebenen im Zentrum von Corte

Information

- OTC, La Citadelle, Tel. 04 95/46 26 70, www.corte-tourisme.com
- Parken siehe S. 112

Keine Stadt Korsikas ist so sehr mit dem Kampf für Unabhängigkeit verbunden wie Corte, das 1755 bis 1769 unter dem Widerstandskämpfer Pasquale Paoli Hauptstadt der Insel war. Es überrascht daher nicht, hier eine recht vitale Stadt mit viel historischer Prägung zu erleben. Ein »Sentier du Patrimoine« durchquert Corte, ausgehend vom Südtor und begleitet von Tafeln zu historischen Ereignissen. Übrigens konnten die Soldaten bei Bedarf den langen, flach ansteigenden Treppenstieg am Südtor problemlos mit ihrer Kavallerie nutzen. Die strategische Lage der erhöhten Altstadt am Zusammentreffen dreier Flüsse erlaubte es einst, die Region gut zu kontrollieren und von der Zitadelle aus zu verteidigen.

Die geschichtsträchtige Altstadtgassen passieren heute auch viele Studenten der einzigen Universität der Insel, deren Campus gut von der mächtigen Zitadelle aus zu erkennen ist. Denn Corte erhielt 1981 erneut eine Universität, die der Tradition der ersten Universität Korsikas unter Paoli folgt. Die Hauptstraße in Richtung Place

Plan
S. 111

Gaffori und Place Paoli mit der Statue des Freiheitskämpfers Pasquale Paoli säumen nette Cafés und Studentenlokale. Hier lässt sich gut die Atmosphäre der alten Stadt erleben.

Sehenswert

1 ### Place du Duc de Padoue
| Platz |

Etwas vom Flair der Zeit des französischen Generals Arighi di Casanova (1778–1853) gibt die Piazza her – wenn es denn gelingt, sich die Autos wegzudenken. Das imposante Standbild schuf Auguste Bartholdi, der Künstler der Freiheitsstatue vor New York.

2 ### Palais National
| Palast |

Das Palais National beherbergte einst die genuesische Administration. Zur Zeit der Unabhängigkeitsbewegung 1755–1769 diente es als Regierungssitz und war in diesen Jahren auch Wohnsitz von Pasquale Paoli. Die Franzosen bauten das Palais später zum Gefängnis um, heute ist es Teil der Universität.

■ Rue Palais National, tgl. 10–19 Uhr, Eintritt frei

3 ### Place Gaffori
| Platz |

Die Place – in früherer Zeit ein sicherer Versammlungsort im Schutz hoher Fassaden – prägt das Standbild des Widerstandskämpfers Gianpietro Gaffori (1704–1753). Gleich dahinter erhebt sich das Haus seiner Familie mit Einschussmarkierungen aus jener Zeit.

4 ### Zitadelle
| Festung |

Wahrlich eine Bilderbuchburg – und fast unmöglich zu erobern

Der spanische Vizekönig Vincenzo d'Istria hat diese Festung 1419 zum Schutz gegen die Genueser gebaut, die sie jedoch bald einnahmen. 1869 kamen die Franzosen zum Zug und vergrößerten die Burg auf ihre jetzige Dimension. Lange hielt sich die Fremdenlegion hier auf. Nun können Besucher alle Treppen und Räume besichtigen und im Sommer sogar Konzerte erleben. Grandios ist auch der Blick auf das umliegende Bergpanorama.

■ Rue de la Citadelle, Tel. 04 95/45 25 45, www.musee-corse.com, 22. Juni–

Im Blickpunkt

Pasquale Paoli – Revolutionär und Widerstandskämpfer

Am 6. April 1725 erblickte Filippu Antone Pasquale de Paoli in Stretta bei Morosaglia das Licht der Welt. Er war der jüngste Sohn von Giacinto Paoli, General unter dem korsischen König Theodor I., und sollte als »Vater des Vaterlandes« in die Geschichte eingehen. Eine klassische Ausbildung erfuhr er nach seiner Flucht 1736 mit dem Vater an der Universität von Neapel. Neben Französisch lernte er dort auch Englisch. Und begann eine militärische Karriere, die ihm 1755 – inzwischen Fähnrich der korsischen Garde des Königs von Neapel – in seiner Heimat viel Ehre einbrachte. Die Consulta des Königreichs Korsika wählte ihn zum Capu Generale, er sollte die Genueser Herrschaft über Korsika beenden. Die neue Verfassung von Corte war die erste in Europa, die Montesquieus Gedanken der Gewaltenteilung aufnahm. Außerdem wurden in der neuen Hauptstadt Corte Grundschulen und 1765 eine Universität für weite Volksschichten eröffnet. Intellektuelle in ganz Europa bewunderten ihn dafür. In seiner 14-jährigen Regierungszeit gewann er immer mehr Anhänger, während der Adel opponierte und die Genuesen den Handel mit ihren Küstenfestungen blockierten. Schließlich wurde die Insel am 15. Mai 1768 an Frankreich »verliehen«. Nach einer Niederlage seiner Truppen im Mai 1769 im Golo-Tal gelangte Paoli als gefeierter Freiheitsheld über Österreich, Deutschland ins Exil nach Holland. Nach London folgte er der Einladung König Georges III., wo er am 5. Februar 1807 starb und erst in der Westminster Abbey beigesetzt wurde. 1889 trat sein Leichnam die letzte Seereise in sein Heimatdorf Morosaglia an.

20. Sept. tgl. 10–20, April–21. Juni, 21. Sept.–Okt. Di–So 10–18, Nov.–März Di–Sa 10–17 Uhr, 5,30 €, erm. 3 €

5 Museé régional d'Anthropologie de la Corse
| Museum |

Tolle Einblicke in die Vergangenheit und kulturelle Tradition Korsikas vermittelt dieses moderne Haus. Neben den Ausstellungen behandelt es im zweiten Stock die Entwicklung der Insel, wobei Industrieprojekte, rare Tourismusplakate der 1950er-Jahre, historische Fotos und eine Phonothek mit Klangmustern zu erleben sind.
■ Kombiticket mit Zitadelle, gleicher Eingang

6 FRAC – Fonds Regional d'Art Contemporain de la Corse
| Museum |

 Auch die zeitgenössische Kunst hat ihren Platz in Corte

Auf internationalem Kunstniveau bewegt sich diese Sammlung (Arte Povera, Minimal und Conzept Art) mit bedeutenden Ausstellungen.
■ La Citadelle, Tel. 04 20/03 95 33, www.frac.corsica, Juni–Sept. Mo–Fr 9–12, 14–18, Sa 14–18, Feb.–Mai, Okt.–Dez. bis 17 Uhr, Eintritt frei

7 Église de l'Annonciation
| Kirche |

Das von außen eher schlicht anmutende Gotteshaus verbirgt einige Schätze

in seinem Inneren, darunter eine edle Kanzel, eine fein modulierte, vergoldete Madonna mit Kind sowie einen hellblauen Sternenhimmel.

■ Place Gaffory

8 Belvedere
| Plattform |

Die kleine und sehr geschickt angelegte Aussichtsplattform im Süden der Altstadt wurde 1769 den Bürgern von Corte gewidmet. Weit unten liegen der Tavignano- und der Restonica-Fluss.

■ Oberhalb der Place Saint-Théophile

9 Fontaine des Quatre-Canons
| Quelle |

Die reiche Quelle des Orta-Flusses gab der Stadt genügend Wasser im Fall einer Belagerung und sollte die Garnison versorgen. Der prächtige Brunnen speit tatsächlich enorm viel Wasser.

■ Rue de la Fontaine, frei zugänglich

10 Vallée du Tavignano
| Schlucht |

Gleich unterhalb der Zitadelle befindet sich am westlichen Stadtausgang eine Infotafel, die auf den Chemin de Tavignano und den Mare-e-Monti-Wanderweg verweist. Für einen kurzen Abstecher lohnen bereits die klaren Bassins und die Passerelle de Rossolino.

Verkehrsmittel

Corte genießt eine sehr gute Verkehrsanbindung über die N 193 Bastia–Ajaccio und außerdem über die N 197 mit Calvi. Doch Vorsicht: Der Streckenab-

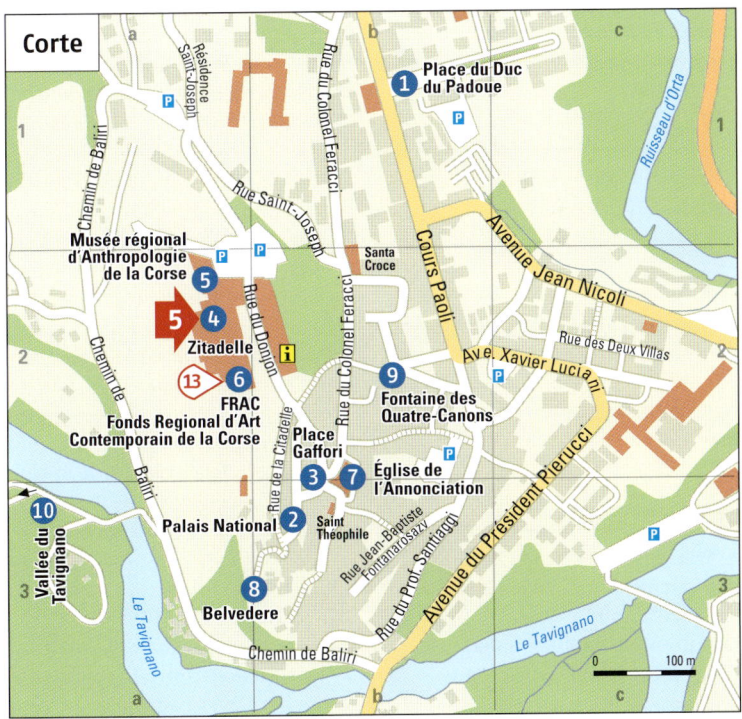

Die eindrucksvolle Restonica-Schlucht ist wohl das berühmteste Wanderziel der Insel

schnitt Calvi–Losari gehört zu den stauträchtigsten Straßen der Insel!

P **Parken**

Die **Parkgarage Tuffelli** befindet sich unterhalb des Cours Paoli.

Restaurants

€ | **La Paglia Orba** Restaurant mit schöner Terrasse am Fluss Restonica. Korsische Küche, Pizza und einige leichte Gerichte. ■ Faubourg de St.-Antoine, Tel. 04 95/34 47 21, Plan S. 111, südl. b3

Einkaufen

A Chjusellina Im Angebot sind Nackenschinken und Salami vom Porcu nustrale. ■ Lieu-dit Avantu, www.achjusellina.com, Plan S. 111, südöstl. c3
Chocolatier Jean Luc Feine Pralinés. ■ Place Gaffory, Plan S. 111, b2

20 Asco-Schlucht

Kurvenfahrt auf spannender Panoramastraße zu einem alten Hirtenort

Durch die etwa 10 km lange Schlucht Gorges de l'Asco rauscht im Winterhalbjahr und nach Regenfällen ein reißender Gebirgsbach, der erst im Sommer langsam zur Ruhe kommt. Am Ende des unteren Tals hat sich der Fluss tief durch das Granitmassiv gegraben. Parkende Autos deuten auf Kletterer im engen Canyon hin. Mit dem sportlichen Flusskajak und einer entsprechenden Erfahrung finden sich trotz vieler Schwellen geeignete Passagen. Vom Hirtendorf Asco blickt man hinunter in das Tal. In dem meistens verschlafenen Nest kann man gut eine Pause einlegen und den inselweit bekannten Ziegenkäse probieren – oder auch den aromatischen Mana-Honig. Am oberen Ortsende führt ein Weg zur alten genuesischen Brücke, die heute als Einstieg für Kajakfans dient. Das Vallée d'Asco und die Station Haut-Asco (1351 m) bieten einen spektakulären Zugang zum Monte Cinto, den mit 2706 m höchsten Berg der Insel. Die spannende Panoramastraße, eine ca. 32 km lange, teilweise recht schmale, doch gut ausgebaute Kurvenstrecke nach Haut-Asco, führt bis zum Fuß des Hochgebirges und ist im Sommer ein beliebter Tagestrip.

 Sehenswert

Haut-Asco
| Skistation |
In steilen Kehren geht es hinauf nach Haut-Asco. Die Talstation liegt auf 1450 m Höhe. Es gibt Skipisten mit Liften sowie ein ganzjährig geöffnetes Restaurant. Zugleich ist Haut-Asco eine der letzten Etappen des GR20, des korsischen Fernwanderwegs. Eine mittelschwere Trekkingroute (ausgeschildert, ca. 1250 Höhenmeter) führt in ca. 5,5 Stunden zum Monte Cinto, dem höchsten Berg Korsikas, hinauf.

Forêt de Carrozzica
| Wald |
In diesem Wildforst sind Steinadler, Wanderfalken, Mufflons und Generationen von Wildschweinen zu Hause. Einige schön angelegte Pfade führen durch das Areal, und ein kleines Museum erzählt von der Region. ■ Maison du Mufflon, Corrozzica, Haut-Asco, Mi–Mo 10–17 Uhr, 4 €, erm. 2 €

 Einkaufen

Miel d'Asco Guidoni Köstliche Auswahl an verschiedenen Honigsorten, je nach Saison. ■ Rue Poggiola 1

 Kinder

Village des Tortues Projekt zur Aufzucht und Auswilderung von Landschildkröten. Die Station will die Tiere, die auf Korsika noch wild vorkommen, in ihrer Lebensweise verständlich machen. ■ Tizzarella, Tel. 0495/478053, www.villagedestortues.wordpress.com, tgl. 9.30–13, 14.30–19 Uhr, 6 €, erm. 3 €

21 Restonica–Schlucht

Die Urform eines korsischen Gebirgsflusses kann man hier ganz nah erleben

 Information

■ Point Info Vallée de la Restonica (ca. 2 km von Corte)

Dieses spannende Wandergebiet des Cortonais bietet Natursensationen in Fülle: schroffe Bergwände, gigantische Monolithe in einem wilden Flussbett, flaschengrüne und klare Bassins, dazu mächtige Schieferfelsplatten und hundertjährige Schwarzkiefern. Von Oktober bis Mai verschaffen sich in der Restonica-Schlucht Wildwasserexperten mit Kajaks einen Adrenalinkick.

Gefällt Ihnen das?

Die Restonica-Schlucht fasziniert Sie? Besuchen Sie doch auch das **Vallée du Tavignano** (S. 111). Der steinige und unbefestigte Hirtenpfad bietet tolle Ausblicke und ist, obwohl er gleich unterhalb der Zitadelle von Corte beginnt, weniger frequentiert. Die Hängebrücke Passerelle de Rossolino belohnt mit tollen Schwimmbasins.

ADAC *Spartipp*

> Die **Restonica-Schlucht** ist eine ideale Ausweichmöglichkeit für all jene, die im Hochsommer oder zum Wochenende kein Hotel mehr in Corte finden. Die Preise sind vergleichbar, aber die Lage inmitten der Natur ist wunderschön.

Parken

Info Point und **Parking** an den Bergeries de Grotelle. In den Sommermonaten gibt es einen empfehlenswerten Busshuttle von Corte.

Restaurants

€ | **Bergeries de Grotelle** Das bekannte Terrassenrestaurant mit angeschlossener Fromagerie ist inzwischen eine Institution für rustikale Mahlzeiten mit Käse und Wurst. Die Auswahl und Qualität der hier erzeugten Käsesorten überzeugt! ∎ Route de la Restonica

Wandern

Lehrpfad vom Infopoint Eine Schnuppertour am südlichen Flussufer gibt erste Eindrücke von der Vegetation. Ausgeschildert als Lehrpfad von der Brücke am Infopoint, führt er für 90 Minuten am Ufer entlang und windet sich hoch zu einem Aussichtspunkt. ∎ Beginn an der Restonica-Schlucht

⑭ **Trekkingtour in der Restonica-Schlucht** Nach der vielfach recht schmalen Talstraße und unzähligen Kurven durch die Schlucht folgen die Bergeries de Grotello mit dem Parkplatz, der Endstation für Autos. Von hier geht es zu Fuß weiter. Nach ca. 100 Minuten Aufstieg durch eine zunächst noch üppige Vegetation geht es über bis April mit Schnee bedeckte Geröllfelder zum herrlichen Lac de Melo. Den einstigen Gletschersee am Rand des Talkessels umgeben Feuchtwiesen und steile Felswände. Einige Ecken bieten einen atemberaubenden Blick in das Restonica-Tal. Von hier ist dann der Lac Capitello (2230 m) fast ein Katzensprung. Der knapp 50 m tiefe Gletschersee liegt so hoch, dass er für einige Monate im Jahr zufriert.

22 Vizzavona

Einst ein abgelegener Winterkurort: frisches Klima und eine Spur Belle Époque

Viel mehr als ein Quartier von Häusern, einige Hotels aus vergangenen Zeiten, eine Kirche, ein paar Cafés sowie eine Bahnhofsbrasserie gibt der Ort nicht her, aber dennoch strahlt er ein gewisses Flair aus. Von den mondänen Zeiten Vizzavonas erzählt das verfallene Palais des Grand Hôtel de la Fôret.

ADAC *Mobil*

> Der **Zug zwischen Vizzavona und Corte** überwindet auf ungefähr 35 km etwa 400 Höhenmeter. Auf dem schönsten Abschnitt quer durch eine beeindruckende Bergwelt bieten sich herrliche Blicke in weite Täler und Schluchten. Südlich von Venaco geht es über den Pont du Vecchio mit einem 1988 vollendeten Metallviadukt von Gustave Eifel. Da die Bahnstrecke zwischen Bastia und Ajaccio eine Vielzahl von Wanderern anzieht, ist sie schnell ausgebucht. Es lohnt daher, sich rechtzeitig um einen Sitzplatz zu kümmern.

Heute bringt die Schmalspurbahn von Bastia nach Ajaccio Besucher hierher: Die kleine Bahn, deren Trasse diagonal über die Insel führt, kreuzt hier den GR 20. Viele Trekkingfreunde nutzen dieses Angebot gern, aber auch einige Korsen in den Wintermonaten, wenn plötzlicher Schneefall auf der Hauptstrecke von Bastia nach Ajaccio den Autoverkehr leicht mal zum Erliegen bringt. Der als Wetterscheide bekannte Vizzavona-Pass (1153 m) bildet die Grenze zwischen den Departements Corse-du-Sud und Haute-Corse. Heftig protestierten die Einwohner in den 1990er-Jahren gegen eine geplante Stilllegung der Bahnlinie.

 Sehenswert

Fort de Pasciolo
| Burg |
Die verfallene Burg bietet einen schönen Ausblick auf das Tal des Flusses Vecchio. Im Jahr 1770 von den Franzosen erbaut, diente sie der Kontrolle von Tal- und Passstraße und somit auch der strategischen Nord-Süd-Achse zwischen Corte und Ajaccio.
■ Ausgeschildert, frei zugänglich

Agnone
| Fluss |
Ein frisches Bad gefällig? Kleine Wasserfälle und Bassins befinden sich am unteren Flusslauf. Man erreicht sie über kleine Wege vom Bahnhof bzw. vom Parkplatz am Col de Vizzavona.

Venaco
| Dorf |
Das 15 Autominuten weiter nördlich gelegene Bergdorf ist ein Zentrum der Käseverarbeitung. Jährlich Anfang Mai gibt es die Messe Foire du Fromage mit Käseherstellern aus ganz Korsika (www.fromage-corse.org).

 Restaurants

€ | **Brasserie L'Altagna** Salate, Panini und täglich eine Wildschweinterrine. Durchgehend geöffnete Küche. ■ Gare de Vizzavona, Tel. 04 95/47 24 41

Sommerlicher Badespaß an den Cascades des Anglais unweit von Vizzavona

Im Blickpunkt

Fromage du Chevre – Käse aus Ziegenmilch

Die Anhöhen der Balagne sind bis in den Juni hinein mit saftigen Wiesen bedeckt. Dann geht es in höhere Lagen, auf die die Ziegen über die alten Säumerpfade gelangen. Auf den Hochebenen des Cortenais wird seit Jahrhunderten die Transhumanz, also ein saisonbedingter Auftrieb großer Ziegen- und Schafsherden, wie vor Jahrhunderten weiter betrieben. Und dort wird ebenfalls seit jeher mit einfachsten Mitteln Rohmilchkäse gewonnen. Die erzeugten Sorten schmecken cremig-würzig oder beinahe scharf, mal sind sie auch ganz mild und frisch. Mancher feine Ziegenkäse auf dem sommerlichen Markt ist so reif, dass er fast ausläuft. 2008 haben Frankreichs Bauern gegenüber der EU im »guerre du camembert« das Recht auf lebende Bakterienkulturen für diesen nahrhaften Käse erkämpft. Die Milch wird dabei kaum erhitzt. Besonders aromatisch ist auch der Frischkäse Brocciu, der zwischen Januar und Juli hergestellt wird. Für 1 kg Brocciu bzw. die erforderliche Menge Molke braucht es mindestens 10 l Schafs- oder Ziegenmilch. Innerhalb weniger Stunden ist der Brocciu fertig und wird sofort genossen. Ganz anders hingegen der in Salzlake gereifte Niolu, der milde und kurz gereifte Fleur du Maquis oder der länger gereifte, herb duftende Venaco.

€ | **Café de la Place** Hübsch altmodisch mit kleiner Küche und günstigen Gerichten. ■ An der Hauptstraße bzw. N 193

Einkaufen

U Stazzu Käseproduktion, darunter der Weichkäse Fermier de Brebis. Es gibt bei Marie Gugliemi auch einige Gästezimmer. ■ Poggio di Venaco, dann ausgeschildert, Tel. 04 95/46 31 84

In der Umgebung

Monte d'Oro
| Gebirge |
Anspruchsvolles Bergtrekking bietet, hin und zurück in acht bis neun Stunden, die Besteigung des Monte d'Oro (2391 m). Nach dem Bahnhof (Parkplatz) geht es zur Casa di a natura bzw. einem Camping. Ein bunter Wegweiser benennt den Weg Richtung Monte d'Oro: zunächst durch einen schönen Mischwald, der sich bald lichtet (weißrot markiert), später im Geröllfeld folgen gelbe Pfeile. Der frei stehende Berg bietet einen tollen Ausblick!

23 Ghisoni

Umgeben von Wildbächen und von Mythen umrankten Bergen

Information

■ Infopoint du Fiumorbo, Prunelli d'Fiumorbo, Tel. 04 95/56 12 38, www.ghisoni.corsica

Das malerische Bergdorf mit markanter Ziegelsteinarchitektur und knapp 500 Einwohnern umgeben dichte Kastanienwälder bis hin zum Col de

Verde (1289 m) am Rand des Fiumorbo-Tals. Kurvige Panoramastraßen führen von hier durch eine einzigartige Natur zu den wilden Schluchten Défilé des Strette und Défilé d'Inzecca mit klaren Bergseen und alten Schwarzkiefern. Die Wildbäche Paglione und Casso – zu erreichen über Wanderwege westlich von Cavo – leiten auch in den Sommermonaten eiskaltes Bergwasser in den Fiumorbo.

Südlich von Ghisoni verweisen zwei Berge mit ungewöhnlichen Namen auf eine schaurige Geschichte aus dem Mittelalter: Im 14. Jh. kam die religiöse Laienbewegung der Ghjuvannali auf, die dem Papst in Rom jedoch ein Dorn im Auge war. Deshalb ordnete er im Jahr 1354 an, die Ketzer zu verfolgen. Am Fuße der beiden Berge hallten ihre verzweifelten Huldigungsrufe »Kyrie eleison« und »Christe eleison« aus den beiden Wänden zurück. Die Fürbitten der Ghjuvannali gab den beiden Bergen ihre frommen Namen.

 Sehenswert

Chapelle Santa Croce
| Kapelle |

Die Kapelle der gleichnamigen Bruderschaft (15.Jh.) mit einer Kreuzabnahme von Ignaziu Saveriu Rafalli steht seit 1889 auf der Liste der historischen Monumente Korsikas.
■ Place de l'Église, tgl. 9–19 Uhr

Genuesische Brücken
| Brücken |

Nahe Ghisoni befinden sich drei schön gemauerte, fast fragil wirkende Brücken aus dem 17. bis 19. Jh.: Pont de Mela (5 km entfernt an der D 344), Pont Vecchju (1650) am Ortseingang und Pont de Catani (1840) bei Catani.

ADAC *Wussten Sie schon?*

Die Dörfer im Fiumorbo sind auch heute noch von **Abwanderung** betroffen. Die abgeschiedene Region lag oft im Zentrum politischer Unruhen und hat sich davon nie richtig erholt. Die Bewohner revoltierten etwa 1815 im Fiumorbo-Krieg gegen die Besetzung durch Frankreich. Auch nach der Ansiedlung Repatriierter in den fruchtbaren Ebenen im 20. Jh. gab es wiederholt Aufstände.

Gorges Défilé des Strette und Défilé d'Inzecca
| Schluchten |

Die bizarren Felslandschaften dieser Schluchten an der rund 25 km langen Verbindungsstraße zwischen Ghisoni und Ghisonaccia lohnen einen genaueren Blick. Der Oberlauf der Inzecca-Schlucht beeindruckt durch einige überhängende Felsen und über 100 m hohe Felswände, die der Fluss in unendlich langer Zeit geschaffen hat.

ADAC *Wussten Sie schon?*

Die **Brasserie Pietra** in Furiani hat das bekömmliche Kastanienbier Mitte der 1990er-Jahre marktfähig gemacht, und inzwischen gibt es 14 Mikro-Brauereien auf Korsika. Kennen Sie Lutina, Ribella, Malacella, Mont Kyrie, Costa Verde, Impériale oder Zaffaranu? Oder Cyril Hubert, »bierologue« mit viel Elan, der stets Ende Juli in Ghisoni zum Thema referiert? Denn das »Festival de la Bière« ist ein Muss für alle Produzenten und Freunde des Kastanienbiers auf Korsika!

Die Gebirgszüge der Alta Rocca umgeben den hoch gelegenen Weiler Zonza

 Restaurants

€€ | Auberge U Sampolo Das Landbistro serviert seinen Gästen diverse Gerichte vom Kalb, Lamm und Huhn aus eigener Haltung. Des Weiteren gibt es Wurstspezialitäten und gute Nachtische, etwa den Flan aus Kastanien oder die Kastanienküchlein. Wechselndes Tagesmenü für 15 €. ■ Lieu-dit Sampolo, Tel. 0495/57 60 18

 Sport

Ghisoni-Capanelle Von der Skistation bringen seit 1974 Lifte Skibegeisterte zum Pietra-Niella-Gebiet auf 1870 m Höhe unterhalb des 2352 m hohen Monte Renoso. ■ www.ghisoni.corsica

24 Zonza

Kreuzpunkt auf der Ost-West-Achse mit reichem Angebot an Exkursionen

 Information

■ Infopoint des Parc naturel régional de la Corse, Route de Sartène, Tel. 0495/78 56 33, www.zonza-saintelucie.com
■ Info zur Wanderung Propriano–Porto-Vecchio, www.wartha.de/mems.htm

Zonza ist eine beliebte Station auf der Route von Propriano nach Solenzara (D268), die auch das Bavella-Gebirge passiert. Wanderer nutzen den Ort als Basis für Trekkings bzw. übernachten hier auf der Strecke »Mare e Monti Sud« von Propriano nach Porto-Vecchio. Weniger als 15 Autominuten entfernt erstreckt sich das noch etwas ursprünglichere ehemalige Hirtendorf Quenza mit der schlichten romanischen Chapelle Sainte-Marie (um 1200). Hier durchquert man eine sehr typische Waldlandschaft der Alta Rocca, die sich auf zahlreichen ausgeschilderten Wanderwegen erkunden lässt.

 Sehenswert

Aiguilles de Bavella
| Gebirge |
Die Bergklassiker Aiguilles de Bavella (1855 m) bieten eine Vielzahl an Wanderwegen, aber auch Cafés und Unterkünfte. Viele Wanderer steigen hier in den GR20 ein. Weniger bekannt ist der zweistündige Weg (hin und zurück) von der Auberge du Col de Bavella durch einen Schwarzkiefernwald (siehe auch die Schautafel) zum Trou de la Bombe bzw. U Campuleddu. Er beginnt hinter der ersten Haarnadelkur-

ve auf dem rot-weiß markierten GR 20. Nach ca. 20 Minuten trennt sich der Weg und folgt nun bergauf dem Hinweis U Campuleddu.

ADAC *Mobil*

Den schönsten Blick auf den siebenzackigen Bergkamm der Aiguilles de Bavella hat man vom Pass **Col de Bavella** auf 1218 m. Die in der Nähe des Parkplatzes eingemauerte Statue Notre-Dame-de-la-Neige (Schneemadonna) wird hier immer noch von Bergleuten mit Kerzen und vielen Votivbildern aufgesucht. Hier verläuft auch der G 20 in Richtung Conca, und man stößt auf zahlreiche Refuges und Cafés am Rand des Schwarzkiefernwaldes. Die Anfahrt von Porto-Vecchio über Zonza ist besonders reizvoll.

 Parken

Am besten am Ortseingang. Am Bavella-Pass befindet sich ein Parkplatz, der im Sommer schnell überfüllt ist.

 Restaurants

€–€€ | La Terrasse Wie Fotos im Flur beweisen: Hier wird schon sehr lange ein Hotel betrieben! Auch heute sorgt sich Dominique mit feinen Gespür um den Geschmack seiner Gäste. Zu probieren: die hausgemachten Canneloni oder Auberginen »a brocciu e menta«. ■ Village, Tel. 04 95/78 67 69, www.hotel-delaterrasse-zonza.com

€€ | Sole e Monti Dem Vater des heutigen Besitzers Charles Balesi, Féliciene, stand 1968 als Schüler von Paul Bocuse die Welt der Restaurants offen. Der kochte stattdessen hier weiter und errichtete ein Hotel. Dieser Spur folgt die heutige Küche. ■ Quartier Monticello, Quenza, Tel. 04 95/78 62 53

 Einkaufen

Épicerie A Muvra Im Angebot sind Bergkäse, Brocciu, Wurstwaren, Honig und Obst. Gute Qualität zu passablen Preisen. Besonders der Ziegenkäse aus dem Hinterland ist erstklassig.

 Kinder

Abenteuerpark l'Ospedale Zwei gut in Stand gehaltene, unterschiedliche Kletterparcours (Via Ferrata) und ein Parcours für Kids. ■ Parc Aventure Via Ferrata, Tel. 04 95/70 01 20, www.xtrem sud.com, tgl. 10–16 Uhr, 22 €, erm. 18 €

ADAC *Spartipp*

Gewiss, die **Kletterparkanlagen** auf Korsika sind einfach klasse! Aber da fallen selbst im günstigen Fall 45 € für eine Familie mit zwei Kindern an. Es lohnt daher, ein wenig die Preise und Leistungen zu vergleichen. Die Webseite von Paradisu gibt Entscheidungshilfe: www.paradisu. de/korsika-hochseilgarten.html.

 Sport

Canyoning Wasser-Klettervergnügen lockt an der sensationellen La-Vacca-Schlucht, auch begleitet von Profis des Veranstalters Xtrem Sud. ■ Auberge Col du Bavella, www.xtremsud.com

I Chjassi di Altagna Fantastische Ausritte zum Plateau de Cuscione. ■ Serra-di-Scopamène, Quenza, Tel. 06 46/77 83 99, www.montagnecorseacheval.fr

Der kleine Ort Levie wartet mit einem interessanten archäologischen Museum auf

25 Levie

Blick auf urgeschichtliche Zeiten – verborgen in den Höhen der Alta Rocca

ℹ️ Information

■ Rathaus, Rue Sorba, Tel. 04 95/78 56 33, www.alta-rocca.com

Der Hauptort der Alta Rocca verläuft entlang einer schmalen Straße mit alten Granithäusern und profitiert von dem bekannten Castellu de Cucuruzzu auf der Hochebene von Livia sowie dem archäologischen Museum. Denn hier befindet sich eine frühe Wiege der angehenden Sesshaftigkeit. In der Gegend des Hochplateaus renovieren Familien aus der Ebene bzw. aus Frankreich verfallene Häuser für den Sommer, während Alt-68er in dem kleinen Kulturcafé Gicalteru über Aktionen zur Reintegration politischer Gefangener diskutieren. Inzwischen beleben einige Bewohner auch das Handwerk – etwa die Messerproduktion – wieder. Den Ort mit einigen Cafés umgeben dichte Wälder, und es lohnt, sich von hier zu Fuß auf den Weg zum hoch über Levie gelegenen Pianu di Livia zu machen (ca. 1 Std., Beginn beim Restaurant La Pergola). Die Straße macht hingegen einen großen Schlenker und nähert sich der Stätte aus der Bronzezeit von Süden (nach 3 km Abzweigung auf der D 268). Mit dem Auto dauert die Anfahrt ca. 15 Minuten.

👁 Sehenswert

Pianu di Livia
| Festung |

 Ein magischer Rundgang führt in die Frühzeit der Insel Korsika

Mit einer umfassenden und sehr suggestiven Broschüre auf Deutsch (verleiht der Infopoint) geht es durch den

alten Wald, vorbei an stummen Zeugen der Jahrhunderte, einer 800 Jahre alten Kastanie, gigantischen Hinkelsteinen, uralten Schwarzkiefern und ausgehöhlte Tafoni-Felsen.

Gegen Ende der Jüngeren Bronzezeit (Ende des 2. Jt. v. Chr.) erfuhr dieser einmalige Burgkomplex eine wachsende Besiedlung, die der Archäologe Lanfranchi eindrücklich beschreibt. Unterschiedliche Räume und Tätigkeiten deuten auf eine Sesshaftigkeit der Bevölkerung hin. Der Rundgang führt hinter der Festung von Cucuruzzu – dem wohl wichtigsten Ort des prähistorischen Korsikas – zu der im Mittelalter vollendeten Anlage von Capula. Sie bewacht ein Menhir aus der Frühzeit, einst von den einfallenden Torreanern zerstört. Die Kapelle San Larenzu (1917), errichtet mit Steinen einer früheren romanischen Kirche, verdeutlicht, dass dieses aussichtsreiche Plateau mit Blick bis zum Bavella ganz unterschiedliche Siedlungsspuren aufweist und bis in die Neuzeit immer wieder kultischen Zwecken diente.

■ Route de Pianu di Livia, April, Mai, Okt. tgl. 9.30–18, Juni–Sept. bis 19 Uhr, auch geführte Gruppen, 4 €, erm. 2,50 €

San Giovanni de Carbini
| Kirche |

Romanische Kirche (12 Jh.) mit schlichter Gestaltung und einem Campanile, der angeblich im 19. Jh. verkürzt wurde. Leider ist das hübsch gelegene Gotteshaus meistens geschlossen.

■ Nahe des südl. Ortseingangs

Musée de la Alta Rocca
| Museum |

Jedes korsische Schulkind kennt sie: La Dame de Bonifacio, datiert auf sagenhafte 6500 Jahre v. Chr. Hier ist ihr Skelett ausgestellt. Der Archäologe François Lanfranchi hat die Ausgrabungen von Cucuruzzu und Capula geleitet und viele Fundstücke kenntnisreich kommentiert, darunter Obsidian-Steinwerkzeug aus der Jungsteinzeit und Keramik aus der Bronzezeit.

■ Av. de Peretti, Juni–Sept. tgl. 10–18, Okt.–Mai Mo–Sa 10–17 Uhr, 4 €, erm. 2,50 €

 Parken

In Levie: **Parkplatz** am nördlichen Ortseingang. Pianu di Livia: **Parking** am Eingang der Stätte.

 Restaurants

€ | Café Restaurant du Progress Ultrahippes Café mit Kamin für die frischen Herbsttage und Pizzeria nebenan mit schöner Terrasse, betrieben vom gleichen Besitzer. Große Pizzen aus dem Holzofen, Pastagerichte, Salate. ■ Route du Centre, Tel. 04 95/78 48 85

 Einkaufen

Coutellerie du Lotus Mit Perfektion geschaffene Taschenmesser. ■ Quartier di Biancona, Tel. 04 95/74 05 13

ADAC *Wussten Sie schon?*

Eine **Zyklopenmauer** ist ein besonderes Bruchsteinmauerwerk. Es wird mit großen, unbehauenen Natursteinen errichtet, die sorgfältig aufeinander gelegt werden. Allerdings haben diese keine rechteckige Form. So ergibt sich ein unregelmäßiges Fugenbild, als hätte ein Zyklop sie direkt aus dem Steinbruch aufeinandergeschichtet.

Events

Die **Médièvales de Levie** finden jedes Jahr Anfang Juni statt und beleben Themen zum Mittelalter – ein Wochenende mit Musik sowie allerhand kulinarischen Genüssen.

 In der Umgebung

Plateau du Coscione
| Landschaft |

Ein zauberhaftes Biotop – am Ende einer buckeligen Piste

Über eine 11 km lange Piste gelangt man (am besten mit Allradantrieb) vom Dorf Quenza in dieses einmalige, auf rund 1400 Höhenmetern gelegene Hochtal, das seit jeher der Transhumanz dient. D.h. hier weiden nach wie vor im Sommerhalbjahr neben Schafen, Schweinen und Ziegen auch Pferde und ernähren sich von den saftigen Wiesen, bis sie im Herbst wieder in die Küstenregionen getrieben werden. Viele endemische Pflanzen gedeihen auf den sauren Feuchtwiesen. Ein guter Startpunkt für Wanderungen ist der Refuge de Bucchinera (1466 m) mit Schautafeln. Exkursionen mit dem Pferd bietet die Agentur Randonnees a Cheval (Tel. 06 46/77 83 99, www.montagnecorseacheval.fr).

 **26 Sainte-Lucie-de-Tallano**

Olivenpressen unter alten Gewölben und von der Zeit zermürbte Mühlsteine

 Information

■ Infopoint im Ort an der Place Santa Lucia, Tel. 04 95/78 80 13, www.zonza-saintelucie.com

Durchweg sympathisch präsentiert sich dieser Bergort mit seinem wenig von der Gegenwart getrübten Ortsbild. Die sorgfältig restaurierten Häuser und eine idyllische Piazza lassen sich auch von der höher gelegenen Straße gut erkennen. Die lokale Identität geht dabei weit über die Wildschweinjagd und das Boule-Spiel auf der Piazza hinaus. Auch das Fest um Ostern bzw. Anfang April »A Festa d'Oliu Novu« vereinigt die Einheimischen. Viele ländliche Erzeugnisse – etwa im Krämerladen neben dem Café Ortoli – kommen hier in die Regale.

Ein kleines Museum erzählt von den Erträgen der Olivenkultur, die den Bewohnern in früherer Zeit schon ein bescheidenes Einkommen brachte. Das Franziskanerkloster oberhalb des Ortes wird derzeit renoviert und soll 2020 wieder zugänglich sein.

 Sehenswert

Musée Moulin à Huile
| Museum |

In Sainte-Lucie wird vorzügliches Olivenöl produziert. In einem Haus aus dem 17 Jh. wird die Funktionsweise der uralten Steinmühle erklärt. Man erfährt auch viel Wissenswertes über die Feinheiten der Ölproduktion.

■ Ausgeschildert an der Piazza, Mo–Sa 9–12, 15.30–18.30 Uhr, 2 €, Kinder frei

Bains de Caldane
| Thermalbad |

Ein besonderer Besuch während der kalten Jahreszeit

Wenig bekannt ist dieses kleine Thermalbad, zu erreichen über eine Abzweigung vor Sainte-Lucie an der D268, ca. 8 km entfernt: ein offenes Bad mit leicht schwefelhaltigem Wasser (38 °C)

Dicht drängen sich die alten Granithäuser von Sainte-Lucie-de-Tallano aneinander

und einem Durchfluss von 5000 l/Std. Der Betrieb bietet auch Unterkunft.
■ Résidence les Caldanes, Tel. 04 95/77 00 34, www.hotelresidence-caldane.com, tgl. 9–20 Uhr, 5 €, erm. 2.50 €

Parken

Parking beim Franziskanerkloster.

Restaurants

€ | Le Santa Lucia Wer Korsisch versteht, wird Teil der täglichen Unterhaltung: Bar und Restaurant mit viel Lokalkolorit auf der Piazza des Ortes. ■ Place Central, Tel. 04 95/78 81 28

€€ | A Machja Im Tal des Rizzanese-Flusses gelegenes Top-Landrestaurant mit großer Terrasse. Produkte aus regionalem Anbau, eigene Kalb- und Schweinezucht. Es gibt auch Apartments mit schönen Terrassen. ■ Am

Beginn der D 268 nach Sainte-Lucie, Route de Levie, Tel. 04 95/77 00 88

€€ | Chez Dumè Lokale Spezialitäten und hauseigene Produkte in einem freundlichen Ambiente. Im oberen Stockwerk des betagten Hauses werden Zimmer vermietet. ■ Place Sainte Lucie, Tel. 06 46/71 39 45

Einkaufen

Cave Santa Lucia Feines Olivenöl, Olivenpaste und Honig. ■ Rue Borgo

Events

A Festa d'Oliu Novu Jedes Jahr treffen sich im April Ölbauern, Aussteller und Bauern der Region und bieten korsische Köstlichkeiten wie Öl aus dem Ort, Käse, Honig, Wein und Handwerkserzeugnisse an. Ein nettes kulturelles Rahmenprogramm gehört dazu.

Übernachten

Das Cortenais ist die Naturregion der Insel par excellence. Und so befinden sich gerade die attraktiveren Unterkünfte in außerordentlicher Umgebung: an wilden Schluchten bzw. am Rand von Hochtälern und Wäldern. Oder als Refuge mit einfachem Standard inmitten der ursprünglichen Natur. Etwas mehr los ist hingegen in den Dörfern, wo sich in alten Steinhäusern gelegentlich respektable B & Bs oder Gîtes verbergen. Corte bietet hingegen Unterkünfte ganz unterschiedlicher Standards – und stets in Reichweite der lebhaften Altstadt.

Corte 108

€ | **E-Cime** Marie Jeanne und Daniel bieten ihren Gästen »la Corse essentielle«. Das stimmt: Es gibt bequeme Zimmer mit Traumblick und ein Studio mit Küche. ■ An der D 147, 20276 Asco, Tel. 04 95/47 81 84, www.e-cime.com

€ | **Refuge Asco GR 20** Doppel- und Gruppenzimmer, dazu Kochgelegenheiten. ■ Station de Ski, Haut-Asco

€–€€ | **Casa di a Restonica** Schon im Grünen, aber nah an der Stadt gelegen – ein Neubau mit komfortablen Zimmern in ruhiger Lage und Pool. ■ Entrée Vallée Restonica, 20250 Corte, Tel. 04 95/33 48 54, www.hotel casadiarestonicacorte.fr

€–€€ | **Hotel Duc de Padoue** In dem historischen Stadthaus verfügt das Hotel über komfortable Zimmer, auch für Familien. Vom Frühstücksraum hat man einen schönen Blick auf die alte Kastanienallee und die Place. ■ Place de Padoue 2, 20250 Corte, Tel. 04 95/46 01 37, www.ducdepadoue.com

€–€€ | **Hôtel Si Mea** Die Architektur dieses Hotels aus den 1930er-Jahren hat es vorteilhaft bis in die Gegenwart geschafft. Panoramaterrassen und Swimmingpool sind der i-Tupfer der Anlage. Attraktive Preise auch während der Saison! ■ Avenue du Pont de l'Orta, 20250 Corte, Tel. 04 95/65 08 23, www.hotelsimea-corte.fr

€–€€ | **Les Jardins de la Glacière** Viel gelobtes Hotel mit hellen Zimmern für bis zu fünf Personen und attraktiven Preisen. Der lokale Granit wurde im Innenausbau integriert. ■ Gorges de la Restonica, 20250 Corte, Tel. 04 95/45 27 00, www.lesjardinsdelaglaciere.com

Ghisoni 116

€ | **Gîte U Fugone** Idealer Ausgangspunkt für Trekkingtouren sowie für Canyoing-Abenteuer. Doppel- und Mehrbettzimmer. ■ Skistation am Monte Renosu, 20227 Ghisoni, Tel. 04 95/57 01 81, www.gite-u-fugone.com

Zonza 118

€ | **Auberge du Col de Bavella** Die Gîtes der Familie Grimaldi bieten einfache Doppelzimmer und Mehrbettunterkünfte. Das angeschlossene Restaurant serviert eine rustikale Küche mit Fleischspezialitäten. ■ Place de la Fontaine, 20124 Zonza, Tel. 04 95/72 09 87, www.auberge-bavella.com

€–€€ | **La Terrasse** Bequem und komfortabel mit viel Holz und schönem

Viel Charme umgibt die Auberge A Pignata bei Levie im Herzen der Alta Rocca

Speisesaal mit Panoramaterrasse. Immer noch ein guter Tipp für eine Übernachtung in Zonza. Das Hotel kommt tatsächlich gut ohne eine forcierte Modernisierung mit Pool aus. ▪ 20124 Zonza, Tel. 0495/786769, www.hotel-delaterrasse-zonza.com

Serra formt alte Rezepte kreativ um. Sein Bruder besorgt die Bergerie des 7-ha-Hofs mit Schweinehaltung »race corse noir«. Eigene Produktion von Öl und Wurst. ▪ Route a Pianu, 20170 Levie, Tel. 0495/784190, www.apignata.com

Levie

€ | Chez Stèphane et Joelle In einer massiven alten Olivenmühle, erhöht über dem Ort betreibt das engagierte Paar nette Gästezimmer. Mitglied der Gîtes de France. ▪ Allée des Tilleuls, 20170 Levie, Tel. 0495/784749

€€ | Auberge A Pignata Ein »Ambience du charme« am Waldrand, umgeben von einem weiten Garten mit Natursteinmauern und einem Pferdegestüt. Panoramaterrasse, mäandernde Pfade im Steingarten, Bungalows aus Granit und Holz. Der engagierte Küchenchef Jean Baptiste di Rocca

ADAC *Das besondere Hotel*

Das **Monte d'Oro** ist ein Hotel mit viel Charme, das bereits Ende des 19. Jh. eingeweiht wurde. Einst von der Bourgeoisie Ajaccios im Sommer besucht – wie historische Fotos im Speisesaal dokumentieren –, nannte sich die gute Küche Usteria Corsa. Das sorgfältig restaurierte Haus mit altem Holzparkett führt Madame Sicurani sicher in die Gegenwart. Compliments!
€ | 20218 Vizzavona, Tel. 0495/472106, www.monte-oro.com

Der Süden und Ajaccio

*Von der entwickelten Südostküste zum wilden Südwesten –
mit atemraubenden Kalenderpanoramen bis nach Ajaccio*

to, die den Bewohnern Schutz fernab der bedrohten Küsten gewährten. Einzigartig ist auch die Küstenstraße N 196, die sich, ausgehend vom Südzipfel, durch kaum besiedeltes Terrain nach Sartène windet. In Pianu di Cauria und Filitosa erfahren Besucher hingegen viel über steinerne Zeugen aus der Vorgeschichte der Menschheit.

Wir können davon ausgehen, dass Homer und seine Zeitgenossen Bonifacio kannten, und so ist es durchaus möglich, dass er selbst zu dieser einzigartigen Festungsstadt gelangte. Seine Beschreibungen erinnern an die Kreidefelsen mit den steilen Klippen – immerhin bis zu 60 m hoch – vor der Stadt. An vielen Tagen des Jahres braust hier das Meer immer noch unbarmherzig und weckt Furcht bei den Seeleuten. Nicht weniger spektakulär ist die gesamte Südküste mit ihrer Inselwelt – vor allem vom Meer her betrachte, das immer wieder wunderbar türkisfarbenes und glasgrünes Wasser in seinen Badebuchten bietet. Entdecker schwer befahrbarer Pisten und eher unscheinbarer Feldwege gelangen hier zu manchem Traumstrand.

Vielseitig sind die Orte des Südens. Porto-Vecchio fungiert dabei als Grande Dame des Tourismus, und Sartène ist ein mittelalterlich geprägter Wehrort. Immer wieder überraschen auch die abgelegnen Bergnester wie Olme-

In diesem Kapitel:

ADAC Top Tipps:

7 Capo Pertusato

| Uferlandschaft |

Eine kleine Wanderung für Besucher, die den Wind nicht scheuen. Dafür gibt es zwei Wegvarianten. Zur Belohnung finden sich tolle und windumtoste Aussichten bis nach Sardinien und Blicke in das geologische Tagebuch einer auch auf Korsika einzigartigen Felsenlandschaft. 129

8 Plateau de Cauria

| Archäologische Stätte |

Wer mehr über jahrtausendealte Megalithkulturen erfahren möchte, als

trockene Geschichtsbücher herge-
ben, sollte den Umweg auf der kleinen Landstraße nach Tizzano, kurz vor
Sartène, nicht scheuen. Die Steinfigu-
ren dieser archäologischen Fundstelle
gelten als erste monumentale Plasti-
ken des Abendlandes. 135

ADAC Empfehlungen:

17 Domaine de Murtoli
| Golfplatz |
In einer markanten Hügellandschaft
südlich von Sartène befindet sich ein
unerwartet vielseitig und innovativ
gestalteter 18-Loch-Golfplatz. 136

18 Filitosa
| Archäologische Stätte |
Die im Jahr 1946 auf einem Weide-
gelände entdeckten Menhirstatuen
sind weit mehr als vergessene Hinkelsteine. Verschiedene Forscher machen hier den Beginn einer interessanten Kulturepoche aus. 139

27 Bonifacio

60 m hohe Kreidefelsen aus der Kinderstube des Planeten

Senkrecht stürzen die Kalksteinklippen der Festungsstadt Bonifacio ins Meer ab

 Information

■ OMT, Rue Fred Scamaroni 2, Tel. 04 95/
73 11 88, www.bonifacio.fr, im Sommer
auch in der Hafenmeisterei und im
Musée Bastion d l'Etendard
■ Parken siehe S. 130

Die abenteuerliche Geschichte der
Stadt zwischen Piratennest, Pest, türki-
schen Einfällen und Partisanenstütz-
punkt begann 828 unter dem italienischen Grafen Bonifazius II., der eine
erste Befestigung baute. Besonders seit
der Eroberung 1187 durch die Genuesen wuchsen die Festung und der Hafen stetig. Sie bauten die Zitadelle ganz
massiv aus und konnten sogar die ge-
rissenen Spanier vertreiben, die es angeblich in einer Nacht vermocht hatten, die Escalier du Roi d'Aragon von
der Hafenseite her zu bauen, um von
dort die Zitadelle zu stürmen. Auch die
französische Fremdenlegion unterlag
der Faszination dieser Anlage mit Aussicht nach Sardinien und belegte für
20 Jahre einen Teil der Festung.
Heute gilt es unter den Anwohnern,
die begehrten Quadratmeter an der
Hafenpromenade zu verteidigen und
in der Saison kräftig zu verdienen. So
reihen sich hier Cafés und Restaurants
aneinander, während der begehrte
Jachthafen im Sommer prallvoll ist.
Wem der Besucherandrang zuviel ist,
der findet auf einem Schiffsausflug viel

Plan
S. 130

Weite und einzigartige Blicke auf die Felsenküste und die Îles Lavezzi.

 Sehenswert

 1 Zitadelle
| Festung |

Die Altstadt, über eine Zugbrücke an der Porte de Gênes gesichert, umgibt eine über 2 km lange Festungsmauer – lange Zeit der einzige Zugang. Der Treppenstieg Montée Rastelli beginnt bei der Église Saint-Erasme. Oben angekommen, findet sich der Zugang zur Bastion de l'Etendard, der Nordbastion, mit kleinem Museum zur Geschichte (tgl. 9–19 Uhr, 2.50 €, 3.50 € inkl. Aragon-Treppe). Der westliche Teil der

Altstadt besitzt einen Friedhof und weite Flächen, die einst vermutlich bebaut waren. Vom letzten Befestigungswall bietet sich ein tolles Panorama auf die gesamte Küste bis nach Sardinien.

2 Église Sainte-Majeure
| Kirche |

Eine einladende Loggia in der Rue du Palais führt in diese von den Pisanern im 12 Jh. begonnene und unter den Genuesen fertiggestellte Kirche. Ganz im Stil der Gotik zeigt sich die fragile Rosette der Eingangsfassade. Kostbar sind der Altar und die Kanzel aus späterer Zeit. Die gotischen Strebebögen zu den Nachbarhäusern hin sammeln Regenwasser für die Zisterne – eine Innovation jener Zeit.

■ Rue Margile Bobbio, tgl. 9–19 Uhr

3 Église Saint-Dominique
| Kirche |

Vom Templerorden um 1340 im gotischen Stil erbaut. Diese größte Kirche im Westteil der Zitadelle umgaben in früherer Zeit die Mauern eines noch größeren Dominikanerkonvents.

■ Port de l'Europe, tgl. 9–19 Uhr

4 Capo Pertusato
| Uferlandschaft |

Das windumtoste Kap mit einer Kappe voller Wind erleben

Ein einfacher Fußweg zu den faszinierenden Kalkklippen beginnt bei der Chapelle Saint-Roche unterhalb der Zitadelle (ca. 90 Min. nur hin). Oder man fährt mit dem Auto von der Marina bis zum Parkplatz nahe des Sémaphone (Militärbereich). Dann geht es nur zu Fuß weiter, zunächst zum wind-umtosten Kap und dann weiter zum Leuchtturm von Pertusato. Der Blick auf die Lavezzi-Inseln und das nur 12 km entfernte Sardinien ist prächtig!

 Verkehrsmittel

Im Juli und August herrscht auf der N 198 zwischen Porto-Vecchio und Bonifacio fast immer Hochbetrieb, mit Ausnahme früh am Morgen und spät-abends. Bonifacio ist fast nur dann leicht zu erreichen. Wer für die West-küste die D 859 über Figari nimmt, kommt (meist) schneller ans Ziel!

 Parken

Am Hafeneingang und 200 m weiter südlich gibt es Stellplätze, frei für Wan-derer zum Capo Pertusato. Auf der Höhe der westlichen Zitadelle liegt der **Parking Montlaur**.

 Restaurants

€ | **Cantina Doria** Im Inneren das Flair der 1970er-Jahre, in der Küche weht der Geist der Moderne: Tigergarnelen, feine Lottefilets auf Steinplatte gegart oder die »soupe corse«. ■ Rue Doria 27, Tel. 04 95/73 50 44, Plan S. 130, c2

€€ | **Goeland Beach** Postkartenfotos lassen sich an dieser Bucht, ca 10 km nördlich von Bonifaccio, machen. Chef José Perez bietet Spezialitäten vom Wildschwein, Krustentiere und gegrill-ten Fisch – außerdem köstliche Menü-optionen. ■ Place de la Tonnara, Tel. 04 95/73 02 51, Plan S. 130, nordwestl. a1

Bonifacio

a   b   c

0   100 m

Map of Bonifacio with labels:

Gare Maritime de Bonifacio
Quai Banda del Ferro
Quai Sott À Portigliola
Quai Sott À Portigliola
Quai Sott À Portigliola
Avenue Charles de Gaulle
Rue de la Torricella
R. des Bouches
Rue Piras
Jardin Carotola
Rue Longue
Zitadelle
Porte de l'Europe
Rue du Palais
Hôtel de Ville
Porte de l'Europe
Avenue de la Carotola
Rue Fred Scamaroni
Rue Fred Scamaroni
R. de Cian de Mal
Rue Madonette
R. de Portone
Montée Saint-Roch
Chapelle Saint-Roch
Église Saint-Croix
Rue Saint Dominique
Église Saint-Dominique
Rue Simon Varsi
Saint-Jean-Baptiste
Église Sainte-Majeure
Capo Pertusato
King of Aragon Staircase
Point de vue
R. des Pocnes

1
2
3
7
4

1   2   3

a   b   c

ADAC *Wussten Sie schon?*

Die »**Pieds-noirs**«, die nach der Unabhängigkeit Algeriens von dort immigrierten Franzosen, hatten einen großen Anteil an der Entwicklung des Südens. Mit finanzieller Hilfe ließen sie sich auf korsischem Boden nieder und ergriffen die Gelegenheit, hier Landgüter zu erwerben. In der Bewirtschaftung großer Güter hatten sie ausreichend Erfahrung. Die »Schwarzbestiefelten« sorgten damit allerdings für Verärgerung bei den Korsen, die neidisch auf die staatliche Fürsorge und weniger erfolgreich im Weinanbau waren.

€€ | **Kissing Pigs** Wer die freie Haltung der Schweine in der Castagniccia kennt, teilt vielleicht den Humor des Küchenchefs. Es gibt beste Antipasti mit korsischen Wurstwaren sowie rustikale Hauptgerichte. ■ Quai Banda del Ferro 15, Tel. 06 27/13 22 71, Plan S. 130, c1

 Konzerte

In der **Église San Dominique** finden in Sommer Konzerte polyphoner Musik statt. ■ Infos im Tourismusbüro

 Erlebnisse

Bonifacio vom Meer erleben Es gibt am Hafen zahlreiche Anbieter für kurze und längere Ausflüge. Die Sicht auf Bonifacio ist vom Meer aus sehr beeindruckend und vermittelt, weshalb es einst unmöglich war, die Zitadelle einzunehmen. Auch die außerordentlichen Felstriften der Küste, »calanques« genannt, sind gut erkennbar. Die einstündige Fahrt führt zum »Steinkorn«, dem Felsen im Meer, und zurück. Längere Touren gehen zu den Îles Lavezzi, zur Île Cavallo und der Lagune von Sperone mit Picknik- und Badestopp. Info am Hafen (http://lautrecroisiere.com).

 Sport

Golf Einen Katzensprung entfernt befindet sich eine der besten Golfanlagen (18 Löcher) auf Korsika, entworfen von Trent Jones und Cabell Robinson: Golf de Sperone. Die ca. 73 ha scheinen perfekt an die Lage angepasst – Landzungen und Hangabbrüche bieten reichlich Herausforderungen. ■ Domaine de Sperone, Tel. 04 95/73 17 13, www.golfdesperone.com, Plan S. 130, östl. c2; weiter nördlich liegt der schön eingewachsene 9-Loch-Golfclub Borgo, Tel. 04 95/38 33 99, https://borgo-golf-club.fr

 In der Umgebung

Chiappa-Halbinsel und Santa Gulia
| Strände |

Kleine und große Fluchten zu Traumstränden, luxuriöse Hotels und Sterneküchen bietet dieser Abschnitt an der T10 Richtung Porto-Vecchio. Die Réserve de Suartone (ausgeschildert) und die Plage Porto Novo, vor der Luxus-

ADAC *Spartipp*

Beim **Strandurlaub auf Korsika** lässt sich hervorragend sparen – wenn man zeitlich flexibel ist. Von Juli bis Mitte August ziehen die Preise drastisch an. Davor und danach kosten Ferienwohnungen, Zimmer oder B & Bs rund ein Drittel weniger – bei durchweg gutem Wetter und mit weniger Trubel.

jachten dümpeln, lohnen einen Blick. Eine Piste führt von hier zur weniger besuchten Plage de Carpiccia. Die Plage de Folacca an der Bucht von Santa Giulia mit dem Hotel Moby Dick ist ein Traumspot für stimmungsvolle Fotos.

Plage de Tonnara
| Strand |

In 20 Minuten geht es auf der Route d'Ajaccio (N 196) zur Abzweigung (ausgeschildert), nach 1,5 km folgt schließlich der Traumstrand.

28 Porto-Vecchio

Mediterranes Savoir-vivre in allen erdenklichen Facetten

 Information

■ OMT, Rue Maréchal Leclerc, Tel. 04 95/ 70 09 58, www.ot-portovecchio.com

Bis zum Zweiten Weltkrieg waren die Salzgärten der Insel die einzige nennenswerte Einnahmequelle der Bewohner. Das sollte sich zu Beginn der 1950er-Jahre ändern. Nachdem die Amerikaner auch diese Gegend 1943 von der Malaria befreit hatten, sorgte Frankreich mit kostspieligen Drainageprojekten für einen Aufschwung.

Von dem mittelalterlichen Städtchen ist die Zitadelle (1539) noch gut erhalten. Die vitale Rue U Borgo, der Cours Napoléon mit seinen verschachtelten Terrassen und die Cafés auf der Place de la République sind ganz auf den Tourismus eingestellt. Das Einkaufszentrum der Neustadt erfüllt hingegen jeden nützlichen Wunsch, während der Hafen zum Bummeln einlädt. Weiter östlich liegt hinter dem Handelshafen die ehemalige Saline.

Heute verfügt die Stadt mit mehr als 25 000 Betten über die größte Auswahl an Unterkünften auf der gesamten Insel. Das Stadttor Porte Génoise und die Bastion de France sind deutlich sichtbare Landmarken, welche an die Gründung durch die genuesische Bank San Giorgio erinnern.

 Sehenswert

Torre von Ceccia
| Turm |

In Richtung Sotta (D 859) befindet sich beim Weiler Ceccia das kreisrunde Monument, dessen Zyklopenmauer sich gut in dem kleinen Tunnel bzw. Treppengang des Fundaments (ca. 2000 v.Chr.) zeigt. Ein steiler Pfad führt durch einen Olivenhain zu dem erhöhten Kultort. Auf seiner Terrasse zündeten die torreanischen Bewohner nach Roger Grosjean einst kultische Feuer an.

Castellu d'Araghju
| Festung |

Von Porto-Vecchio über die D 368 nach Palavese, dann auf der D 758 nach Araghju mit einem schattigen Parkplatz und von hier zu Fuß. Beim Café »La Casella d'Arraggio« mit dem Schild »Site« geht es über einen Hain mit Feigenbäumen über einen kleinen Bach und dann stets aufwärts durch Macchia, vorbei an Erdbeerbäumen und Korkeichen. Der Weg belohnt mit einem tollen Blick von den Zyklopenmauern des Castellu (ca. 2000 v.Chr.) auf die Bucht von Porto-Vecchio. Ein Sonnenaufgang ist hier ein unvergessliches Erlebnis!

 Parken

PMR, Rue Général de Gaulle; drei Parkbereiche in Hafennähe.

Restaurants

€ | Top Grill Das Lokal punktet mit einem netten Ambiente in einer ländlichen und gemütlichen Atmosphäre. Kleine Pavillons sind um einen Steingarten gruppiert. Neben den Grillspezialitäten (Fisch und Fleisch) gibt es gute Salate und Pizza aus dem Holzofen. Reichliche Portionen. ■ Lieu-dit Cupulatta, Tel. 04 95/73 06 52

€–€€ | Chez Laurent Durchweg passabel ist die Qualität der hier servierten Fisch- und Fleischgerichte. Auf der Karte stehen auch einige vegetarische Optionen. Innen im Grotto-Stil, draußen lockt die schöne Terrasse. ■ Rue Jeromé Leandri, Tel. 04 95/70 41 00

€–€€ | Le Køstën Ein avantgardistisches Dekor zum Staunen – auch im Detail, und eine Küche, die verblüfft! Chef Tony Bertell weiß gut um den Kompromiss zwischen korsischer und französischer Haute Cuisine. Auch als Café hip. ■ Les 4 Portes, Tel. 04 95/70 20 50

€€ | Du Kudeta »Die« Sushi-Bar der Stadt. Mit besten Zutaten entstehen hier im Handumdrehen köstliche Big Tempura Rolls, Spring Rolls und leckere Happen. Auch Lieferservice. ■ Rue Général de Gaulle 18, Tel. 04 95/28 06 99

 Einkaufen

Biodélice Großer Biosupermarkt. ■ Chemin d'Agranella an der T10

Botti & Fils Grossist für Wein und Spirituosen mit enormer Auswahl. ■ Route de Bonifacio, Tel. 04 95/70 10 76

 Kneipen, Bars und Clubs

La Taverne du Roi Jazzkneipe, in der auch korsische Musik oder Kabarett auf dem Programm stehen. ■ Rue Borgo (nahe Porte Génoise), Tel. 04 95/70 41 31

Le Clint Von einem Pariser Beleuchtungskünstler designt. Gute Cocktails. ■ Rue Jérôme Léandri, Tel. 04 95/70 19 19, Do–Sa ab Mitternacht

Das mauerbewehrte Porto-Vecchio erhebt sich hoch über dem gleichnamigen Golf

Die Place de la Libération ist mit ihren Cafés der lebendige Mittelpunkt von Sartène

Via Notte Bezeichnet sich selbst als größte Freiluft-Disco Europas. Restaurants, Wein- und Sushi-Bars. Dienstag 80er-Jahre-Partys, samstags DJs aus Paris. ■ Am südl. Ortsende, Tel. 04 95/72 02 14, www.vianotte.com

 Kinder

Baie de Rondinara Der muschelförmige Strand eignet sich mit seinem flachen Wasser wunderbar zum Spielen. ■ Zwischen Porto-Vecchio und Bonifacio

 Wandern

Zur Plage de la Palombaggia Über die D 859 geht es zur Bucht von Bona Marina an deren Ende der Leuchtturm steht. Dann zu Fuß entlang des Strands von La Chiappa nach Süden zur Plage de Carataggio, auch Tahiti Beach genannt. Anschließend weiter an der Küste über die Cala Rossa und die Cala Cavallu zur Plage de la Palombaggia. Vor der Küste liegen die geschützten Îles Cerbicale.

29 Sartène

Das mittelalterliche Gewissen Korsikas entflammt sich zur Karfreitagsprozession

 Information

■ OT de Sartène, Cours Sœur Amélie, Tel. 04 95/77 15 40, www.lacorsedesorigines.com

Die Aussage, Sartène sei die »korsischste« aller Städte der Insel, wie der Schriftsteller Prosper Mérimée (1803–1870) behauptete, mag sicherlich in Bezug auf die Architektur der Altstadt am Hang des Monte Grosso und einen Aspekt ihrer Vergangenheit zutreffen. Es ist noch nicht lange her, dass sich die

Bewohner auf den Tourismus einge-stellt haben und Besucher sich ent-spannt auf der großen Piazza aufhalten konnten. Sartènes Gassen sind oft düs-ter und eng und so gegen Angreifer besser zu verteidigen. Dramatische Konflikte blühten vor allem im Inneren auf. Nach einer konfliktreichen Besat-zungsgeschichte wütete in der Stadt nämlich lange die Vendetta, die Blut-rache, zwischen den verfeindeten ge-nuesischen und korsischen Familien der Quartiere Santa Anna und Borgu, getrennt durch die Place de la Libéra-tion und die Église Sainte-Marie (17. Jh.). Im anliegenden Rathaus residierte einst der genuesische Gouverneur. Ein von hier gut zu kontrollierender Durchgang, die Rue de Purgatoire, führt in das Quartier Santa Anna. Tiefes Mittelalter wird übrigens emotional jedes Jahr nacherlebt auf der Catenac-ciu. Dann hat ein nur dem örtlichen Pastor bekannter Büßer ein kräftezeh-rendes, massives Holzkreuz auf der Karfreitagsprozession zu tragen.

 Sehenswert

Église Santa Anna
| Kirche |

Hier unterzeichneten die verfeindeten Familien 1834 einen Friedensvertrag. Die Kirche ist auch der Ort an dem all-jährlich die bekannte Prozession Cate-nacciu in der Nacht am Karfreitag stattfindet. Dann trägt der rot ver-mummte Büßer, vom örtlichen Priester eingewiesen, in Erinnerung an die Pas-sion Christi ein schweres Kreuz durch die Gassen. Das Kreuz und die Ketten des Büßers sind neben dem Kirchen-eingang ausgestellt. Der barocke Altar (17. Jh.) der Kirche kommt aus Carrara.
■ Tgl. 8–19 Uhr

Santa Anna
| Altstadtquartier |

Alte Stadthäuser aus dunkel verfärb-tem Granit, schmale Gassenfluchten mit Torbögen und Gassen, die im-mer schmaler werden. In Santa Anna kommt nur im Sommer Sonne in die Gassen. Doch zahlreiche Handwerks- und Delikatessengeschäfte sowie die Initiative des langen (Shopping-)Don-nerstags sorgen für ein bisschen Leben.

Museé de Préhistoire Corse
| Museum |

Diese umfangreiche Sammlung von Fundstücken aus der Ur- und Frühzeit vermittelt ein interessant kommen-tiertes Gesamtbild der frühen Besied-lung Korsikas. Spannend sind vor al-lem die Reste römischer Galeeren.
■ Blvd. Jacques Nicolai, Tel. 04 95/ 77 01 09, www.corsedusud.fr, Mai–Sept. Mo–Fr 10–18, Okt.–April Mo–Fr 10–17 Uhr

Plateau de Cauria
| Archäologische Stätte |

 Nacherlebbare Prähistorie – die Menhire von Stantari

Ungefähr 5 km südlich (N 196) von Sar-tène, ausgeschildert als Tizzano – ein winziger Hafen am »Ende« der Re-gion – führt die D 48 zu diesen einzig-artigen Monumenten. Vom Parkplatz (ausgeschildert) verläuft ein Weg zu den »Alignements« zunächst zu den Menhiren von Stantari und dann zu den Dolmen von Fontanaccia. Der kleine Rundweg durch einen Stein- und Korkeichenwald ist in der Saison gut besucht, abends und am frühen morgen vermittelt sich die Aura der frühgeschichtlichen Orte am ehesten. Die in Reih und Glied aufgestellten, bis zu 3 m hohen Steinsäulen (Menhire) entstanden vermutlich in der Bronzezeit (2300 bis 1700 v.Chr.) und zeigen Gesichter, angedeutete Arme und Hände. Ob sie mächtige Krieger der geheimnisvollen Torre-Kultur darstellen oder Symbole für die Fruchtbarkeit sein sollen, ist bislang ungeklärt.

300 m weiter befinden sich in einem schattigen Steineichenwald weitere Menhire und gigantische Felsen, die manche Forscher als astronomische Messstation deuten. Schließlich folgt der Dolmen bzw. Steintisch von Fontanaccia. Er steht einsam auf der Hochebene und wiegt mehr als 3 t, der Grabraum ist mehr als 4 m² groß. Er zählt zu den am besten erhaltenen Zeugnissen der Megalithkultur auf Korsika. Der Ort ist frei zugänglich.

 Parken

Parkmöglichkeiten gibt es am südlichen Cours Saint-Amélie.

 Restaurants

€ | **Chez Jean-Noel** Das Bistro in der Altstadt wartet mit viel Lokalkolorit auf. Die kleine Menüauswahl à la Sartenais verzeichnet der Koch täglich auf einer Kreidetafel. ■ Rue Borgo 27, Tel. 06 12/77 75 70, Mo geschl.

€–€€ | **L'Oasis du Lion** Kleines rustikales Restaurant mit Terrasse direkt oberhalb des archäologischen Museums von Roccapina. Man genießt eine schöne Aussicht auf die Felsenlandschaft von Cauria. Es gibt auch ein paar einfache Zimmer. ■ Roccapina (ca. 15 km südl. von Sartène), Tel. 04 95/73 49 89

 Einkaufen

Weingut Le Hameau de Saparale Auf die Gäste warten edle Tropfen, gefüllte

Weinkeller und eine stilvolle Unterkunft. ■ Vallée de l'Ortolo, Tel. 04 95/77 15 52, www.saparale.com

 Events

Die **Karfreitagsprozession** von Sartène gilt als eines der bedeutendsten religiösen Feste Korsikas.

 Sport

 Domaine de Murtoli Neben diesem topografisch ausgefallenen Golfplatz liegen auf dem weiten Terrain mit sparsamer Eleganz entworfene Landhäuser mit Pool – hervorragend in die Landschaft integriert. Kyle Phillips entwarf diesen 18-Loch Golfplatz (Par 45) mit zwölf Overfly Greens. Außerdem Strand, Spa und Reitstall. ■ Vallée de l'Ortolo, Sartène, Tel. 04 95/71 69 24 www.murtoli.com

30 Propriano

Beliebte Feriendestination mit einem attraktiven Jachthafen

 Information

■ OT de Propriano, Quai Saint-Erasme, Tel. 04 95/76 01 49, www.lacorsedesorigines.com

Der Ort hat in den letzten Jahren einen intensiven Ausbau im Bereich des Hafens erfahren, während einige Straßen im oberen Zentrum etwas verloren wirken. An der Avenue Napoléon wurden die Lokale deutlich aufgewertet, und es finden sich vielseitige Sportangebote. Im Jachthafen kann man neben Segelkursen oder Tauchexkursionen auch Segeltörns buchen. Ein Verleiher

Rund um den Jachthafen des Badeorts Propriano herrscht im Sommer reges Treiben

von Seekajaks arbeitet in Campomoro. Der wichtige Fährhafen im Südwesten verbindet Propriano mit Porto Torres auf Sardinien und Marseille.

Sehenswert

Tour de Campomoro
| Turm |

Der mächtige genuesische Festungsturm (16 Jh.) ist gut erhalten und befindet sich an der D 121 südöstlich von Propriano auf einer Landzunge. Ungefähr 15 m hoch ist sein Ausguck.

Capu di Senetusa
| Landschaft |

Ebenfalls von Campomoro (Parking) führt ein markierter Weg mit tollen Panoramen zum Capu (ca. 3 Std.) und bis zum Dorf Tizzano (weitere 3 Std.) Auf dem Weg geht es an hübschen Stränden wie der Cala di Conca vorbei.

P Parken

Am westlichen Ende der Avenue Napoléon und oberhalb des Quai l'Herminier kann man das Auto abstellen.

Restaurants

€ | U Valinu Hier genießt man Muschelgerichte in allen Variationen, in der Saison Krebs- bzw. Krabbengerichte, außerdem Pasta. ■ Av. Napoléon 10, Tel. 04 95/76 42 95, Mi geschl.

€–€€ | La Romana Gute Pizzen mit klangvollen Beschreibungen. ■ Av. Napoléon 32, Tel. 04 95/76 06 26

€€ | San Ghjuvani Am Stadtrand mit Panoramalage und Blick auf den Golf von Valinco. Das beliebte Restaurant führt eine engagierte Köchin. Gute »soupe paysanne« und Pastagerichte, Treffpunkt zur Aperó-Zeit. ■ Route de Baracci, Tel. 04 95/76 03 31

€€ | **Terra Cotta** Bekanntes Fischrestaurant mit guter Weinkarte. ■ Av. Napoléon 31, Tel. 04 95/74 23 80

 Einkaufen

Boulangerie Mani Feine Croissants und Pâtisserie. ■ Av. Napoléon 2
Markt Sonntags von Ostern bis September. ■ Place Quai Saint-Erasme

 Sport

Fallschirmspringen École de Parachutisme du Valinco. ■ Aerodrome de Propriano, www.corseparachutisme.fr
Rundfahrten mit dem Schiff an der Küste CMPV. ■ Port de Plaisance, www.promenades-en-mer-propriano.fr

Segeln Centre Nautique Valinco an der Plage de Mancinu. ■ www.centre-nautique-propriano.com
Tauchen Die Station Campomoro Plongée bietet Kurse und Ausfahrten an. ■ Ca. 10 km südwestl. von Propriano, www.campomoro-plongee.com

 In der Umgebung

Bains de Baracci
| Thermalbad |
In der Ebene von Baracci wurde inmitten der grünen Natur eine moderne Therme mit Jacuzzi und 39 °C heißem Thermalwasser eingerichtet.
■ Route de Baracci, RD 257, Burgo Martini, Tel. 04 95/76 30 40, www.bainsdebaracci.com, tgl. 10–20 Uhr, 7 €, erm. 5 €

Im Blickpunkt

Naturwiesen und Macchia: ein Reich der Schmetterlinge

Korsika ist eine Domäne der Schmetterlinge, vor allem der zahlreichen Tag- und Nachtfalter, die auch mal 10 cm groß werden können und auf nahrhaften Wiesen in Form von farbintensiven Raupen vorbeischleichen. Zwar mangelt es nicht an natürlichen Fressfeinden, aber der kleinteilige Feldanbau und die Blütenvielfalt sind für sie ein Trumpf. Sobald die Temperaturen ansteigen, flattert es vielerorts nur so. Mittelmeer-Zitronenfalter und Postilion bilden gelbe Tupfer auf der weiten Macchia. Osterluzeifalter, Roter Admiral und Distelfalter halten sich gern auf morgenfrischen Wiesen auf, Windenschwärmer und Kolibrischwärmer lieben die Waldränder. Letztere hüpfen geradezu in Sekundenschnelle von Blüte zu Blüte. Schwarze Weißblech-Widderchen mit leichten weißen Tupfern paaren sich für keine Ewigkeiten auf windgeschützten Blättern. Der korsische Schwalbenschwanz ist im Vergleich zu seinem Bruder (mit zackigem Abriss) auf dem Kontinent hier sehr häufig. Monarchfalter, Linienschwärmer und unzählige Unterarten der Wanderfalter finden auf felsigem Grund gute Tarnung. Einige von ihnen haben eine Reise von mehreren hundert Kilometern hinter sich und beherrschen die Navigation wie die Zugvögel, indem sie eine Art Sonnenkompass zu nutzen scheinen. Sie fliegen jedes Jahr im Frühling aus Afrika in den Mittelmeerraum oder nach Mittel- und Nordeuropa – zurück kehren jedoch nur ihre Nachkommen. Die Flugrouten gehen über Gibraltar, Spanien und Frankreich, eine weitere über Sardinien und eben Korsika.

31 Olmeto

*Attraktive Zwischenstation auf der
großen Panoramaroute der Westküste*

Das im Winter windumtoste Bergdorf
bietet einen tollen Blick auf den Golf
von Valinco, und im Sommer verlei-
ten schöne Terrassencafés zu einem
Stopp. Weiter im Tal, einige Kilometer
südwestlich an der Nordseite des Golfs,
lockt der familienfreundliche Strand
von Olmeto mit glasklarem Wasser
und geschützter Lage. Außerhalb der
Saison, wenn die Feriendörfer von Ar-
batello und Porto Pollo kaum be-
wohnt sind, ist man hier für sich allein.

Sehenswert

Filitosa

| **Archäologische Stätte** |

 *Statuenmenhire und Dolmen aus
der Zeit der Megalithkultur*

Die eindrucksvollen Zeugnisse stammen aus der Jungsteinzeit, der Megalithkultur und torreanischen Epoche,
wurden 1946 von Charles Cesari, dem
Besitzer des Grundstücks, entdeckt
und anschließend vom französischen
Archäologen des Centre de Préhistoi-
re Corse, Roger Grosjean, erforscht.
Bizarr verstreut liegen die Hinkelsteine
inmitten des alten parkartigen Oliven-
hains auf einer für Kulthandlungen
geeigneten Anhöhe. Von der Ringmau-
er schweift der Blick in das tiefgrüne Tal
des Taravo, der in den Golf von Valinco
mündet. Ein großes Rätsel liefern noch
immer die anthropomorphen Formen,
die Kopfumrisse oder Gesichter erkennen lassen – sowie die drei turmartigen
Bauten der Torre-Kultur aus der Bronzezeit. Da viele Menhire zerschlagen
und als Baumaterial für die Rundbau-

ADAC *Spartipp*

Natur pur und oft auch Freizeit-
möglichkeiten, die günstiger als jene am Meer sind, bieten die prächtigen Seen im Landesinneren. Etwa am **Lac de Tolla** – immer noch
ein Tipp, den auch korsische Familien schätzen. Die Anfahrt erfolgt
über die kurvenreiche Strecke von
Ajaccio (D3) nach Tolla bzw. Bas-
telica oder über die N196, die D27
und den Col de Crichetto mit seinen alten Waldbeständen.

ten der Torreaner verwendet wurden,
ging Grosjean davon aus, dass es diesen gelang, einen kriegerischen Konflikt für sich zu gewinnen. Auch sind
ihre Menhire mit Schwertern ausgerüstet, was auf technische Überlegenheit
gegenüber ihren Vorgängern deutet.

■ Ca. 14 km nordwestl. von Olmeto (über
T 40, D 302 und D 57), www.filitosa.fr, tgl.
9 Uhr bis Sonnenuntergang, 9 €, erm. 7 €,
bis 5 J. frei, Gruppenführung ca. 1 Std.

Restaurants

€ | La Source Eine bezaubernde Terras-
se mit Blick auf den Golf von Valinco.
Typisch korsische Küche plus Épicerie
mit Konfitüren, Honig, Wein und Käse.
■ Cours Balisoni (am südl. Ortseingang),
Tel. 04 95/74 61 18, nur mittags

€€ | Chez Antoine Bekannt für Gegrill-
tes aus eigener Schlachterei und korsische Spezialitäten. ■ Cours Balosni 12,
Tel. 06 13/52 13 14

Einkaufen

Le Moulin de Sardelle Kleinteilige
Olivenölproduktion. ■ Farellacci, Solla-
caro, Tel. 06 86/94 68 93

32 Ajaccio

Korsikas Metropole punktet mit mondänen Boulevards

Die elegante und weltoffene Inselhauptstadt Ajaccio bietet viel urbanes Flair

ℹ Information

- ▪ OIT, Bd. du Roi Jérôme 3, Tel. 04 95/ 51 53 03, www.ajaccio-tourisme.com
- ▪ Parken siehe S. 144

Ajaccio wartet nicht nur mit einer langen städtischen Geschichte auf. Von der Plage Trottel und der wuchtigen Zitadelle eröffnet sich ein weiter Blick auf den Golf von Ajaccio, und im Winter glitzern die verschneiten Spitzen des Bavella-Gebirges in der Ferne. Die Küstenstraße Route des Sanguinaires reicht bis zur Chapelle Saint-Antoine der Îles Sanguinaires – mit prächtigem Panorama auf den Golf von Ajaccio.

Mit dem Zug von Corte oder vom einsamen Südwesten über mehrspurige Zufahrtsstraßen kommend, passiert man erst einmal Industriegebiete, den Flughafen und den geschäftigen Fährhafen. Tatsächlich hat die quirlige Hauptstadt Korsikas noch nicht einmal 70 000 Einwohner. Dennoch präsentiert sich Ajaccio als eine mondäne Küstenstadt und stellt für korsische Maßstäbe quasi eine Metropole dar.

Die Stadt blickt auf eine turbulente Geschichte zurück. Aiacciu – so der korsische Name der Stadt – war eine griechische Siedlung, die die Römer wie auch die Langobarden eroberten. Später stritten sich Pisaner und Genu-

Plan
S. 143

ment zusammen und erklärte seine Geburtsstadt zur Hauptstadt der Region. Seit 1975 ist Ajaccio Sitz des neu geschaffenen Départements Corse-du-Sud und Sitz der Regionalversammlung. Ironischerweise fällt am 15. August der Geburtstag Napoleons, mit dem die Korsen eine Art Hassliebe verbinden, auf den katholischen Feiertag Mariä Himmelfahrt, den die Stadt mit einem großen Fest begeht.

Neben zahlreichen Referenzen an den Kaiser locken eine lebhafte Altstadt, mondäne Boulevards, elegante Straßencafés und edle Boutiquen. Kardinal Fesch trug die größte französische Sammlung italienischer Meister nach dem Louvre zusammen. Auch der sehenswerte tägliche Obst- und Gemüsemarkt auf der Place Foch und die versteckten Gassen nahe des Cours Napoléon wollen entdeckt werden.

esen um den Ort – Letztere befestigten ihn 1482. Doch die Korsen erhielten erst im Jahr 1592 das Stadtrecht. Im 18. Jh. kämpften französische Truppen und die Anhänger des korsischen Freiheitskämpfers Pasquale Paoli um die Hafenstadt. Nach dem Versailler Vertrag 1768 ging Korsika an Frankreich. Ein Jahr später erblickte Napoleone Buonaparte in Ajaccio das Licht der Welt. Dennoch hatte der berühmteste Sohn der Insel ein gespaltenes Verhältnis zu seiner Heimat. Denn das erstarkte Frankreich forcierte unter Napoleon auch die Bindung der Insel an die Grande Nation. Napoleon fasste Korsika zu einem französischen Départe-

Sehenswert

Place Foch
| Platz |

Der Grand Marché d'Ajaccio findet hier dienstags bis sonntags bis 13 Uhr statt. Neben allerhand hausgemachten Köstlichkeiten werden auch einige Fischstände aufgebaut. Abends belegen passionierte Boule-Spieler die sandigen Flächen, während Zuschauer die Bänke der stimmungsvollen Place belegen. Im roten Salon des angrenzenden Rathauses, des Hôtel de ville, befinden sich Porträts, Bilder und Medaillons der Familie Bonaparte.

■ Salon Napoléonien, Mo–Fr 9–11.45, 14–17.30 Uhr, Eintritt frei

Die Statue des Kardinals Joseph Fesch ziert den Vorplatz des Musée Fesch

② Musée Fesch
| Museum |

Das monumentale Palais (1837) in aristokratischem Gelbton zeigt Teile der immensen Kunstsammlung des in Ajaccio geborenen Kardinals Joseph Fesch (1763–1839). Mit 16 000 Werken hatte dieser eine geradezu pathologische Sammelleidenschaft an den Tag gelegt. In einem Seitenflügel logiert die Stadtbibliothek mit eindrucksvollem Lesesaal. Die Kollektion von Gemälden und Objekten ergänzen wechselnde Ausstellungen. Angeblich beeinflusste der Kardinal, der auch ein Halbonkel Napoleos war, während seiner Tätigkeit als französischer Botschafter in Rom den Papst, Napoleon zum Kaiser zu krönen. Die berühmtesten Ausstellungsstücke sind die »Jung-

frau mit Kind« von Sandro Botticelli und »Leda« von Veronese.

■ Rue Cardinal Fesch 50, Tel. 04 95/21 48 17, www.musee-fesch.com, Nov.–April tgl. 9–17, Mai–Okt. 9.15–18 Uhr, 8 €, erm. 5 €

③ Maison Bonaparte
| Museum |

Hier erinnert wenig an das adlige Stadthaus, wie es der junge Napoleon gekannt haben muss. Die Familie verließ das Anwesen 1793, und Paolisten plünderten es wenig später. Tapeten, Einrichtung und herrschaftliche Möbel – das angebliche Geburtszimmers des späteren Kaisers – datieren vor allem aus der Zeit nach 1797, als das Haus an die Mutter Napoleons zurückgegeben wurde. So stammt auch die Einrichtung aus den Jahren um 1800. Die Sammlung »Du fétichisme au musée« vereinigt Souvenirs wie Tapetenreste aus dem angeblichen Geburtszimmer, Locken des Kaisers und getrocknete Blumen, die sein Grab schmückten. Emotional aufgeladen sind Totenmasken Napoleons und eine Replika seiner goldenen Konsulkrone. Das Untergeschosses zeigt landwirtschaftliche Geräte, etwa eine Olivenpresse aus einem Landgut der Familie. Im Geburtshaus von Napoleon lebten bis 1923 Angehörige, seit 1967 ist es Museum.

■ Rue Saint Charles, Tel. 04 95/21 43 89, https://musees-nationaux-malmaison.fr, Okt.–März Di–So 10.30–12.30, 13.15–16.30, April–Sept. Di–So 10–12.30, 13.15–17.30, Eintritt 7 €, erm. 5 €

④ Place de Gaulle
| Platz |

Die Prachtpiazza der Stadt mit dem Flair einer Metropole! Weit geöffnet nach Süden und zum Meer, treffen hier Napoleonstatuen, elegante Bars und

Ajaccio

ADAC *Spartipp*

Ajaccio hat in den letzten Jahren stark auf den Besuch von Familien und Jugendlichen gesetzt. So können Kinder, Schüler und Studenten bis 26 Jahre die **Maison Bonaparte** umsonst besuchen. Das gilt bis zum Alter von 18 Jahren auch für das **Palais Fesch**.

das Casino der Stadt aufeinander. Das Reiterstandbild mit den vier Brüdern führte 1865 Eugene Viollet–Le–Duc aus, 1969 drehte man es zur Stadt hin.

❺ Rue du Roi de Rome
| Einkaufsstraße |

Eine der originellen Nebenstraßen der Inselhauptstadt mit fantasievollen Geschäften und einer großen Dichte an vielseitigen Restaurants.

 **Parken**

Parking Marconajo, **Parking CFC**, Quai l'Hermanier.

 **Restaurants**

€ | L'Ailleurs Ein ausgezeichnetes asiatisches Lokal: Gemüse mit kurzen Kochzeiten, aromatische Wok-Gerichte und fantasievolle, pikante Salate, etwa mit Couscous oder Bulgur. Die vegetarischen Speisen sind vielleicht die Besten am Ort. ◼ Rue du Général Fiorella 3, Tel. 06 09/07 37 79, Plan S. 143, a4

€–€€ | L'Aquarium Direkt am vitalen Wochenmarkt der Stadt locken hier stets eine exzellente Fischküche und traditionelle Rezepte. ◼ Rue des Halles 2, Tel. 04 95/21 11 21, Plan S. 143, b4

€€ | Grand Café Napoléon Der Klassiker im Empirestil: ein hoch dotiertes Restaurant im Annex des Hauses. Oder man genießt die guten Dolci, einen Kaffee oder einen Aperitif auf der Terrasse. ◼ Cours Napoléon 10, Tel. 04 95/21 42 54, Plan S. 143, b4

€€ | Le Bistrot Gourmand Hoch gelobt bei den Einheimischen ist die fantasievolle Küche mit einem Touch Nouvelle Cuisine. Etwa der »flan de chèvre à la menthe« oder die »aubergine au broc-

Von der Halbinsel Parata blickt man auf die kleine Inselgruppe der Îles Sanguinaires

Im Blickpunkt

Napoleon Bonaparte – eine korsische Ikone

Ganz unterschiedliche Meinungen lassen sich aus der reichhaltigen Literatur zum berühmtesten Bewohners Ajaccios filtrieren. Etwa, dass auf der Militärschule von Brienne – hier erhielt er ein Stipendium für Mitglieder des verarmten Adels – Mitschüler aus seinem ungewöhnlichen Vornamen »Napoléoné« sicher nicht zu seiner Freude den ähnlich klingenden Spitznamen »Lapeille au nez« (»Stroh in der Nase«) schufen, was seinen Machtinstinkt vielleicht schon früh anstachelte. Sein Lebensweg ist bekannt – die größte Anerkennung erhielt er posthum dafür, Europa auf den Weg in die Moderne geführt zu haben. Nach seinem Tod begann die Mythenbildung. Sein brutaler Wille zur Macht, den ihn mehr Schlachten führen ließ als Cäsar, Hannibal und Karl der Große zusammen. Nicht zu schweigen von den vielen Opfern seiner Kriegszüge. Und dennoch: Europa blickte fasziniert auf seinen Streich gegen die Royalisten 1793, während alles, was danach folgte, weit über die Errungenschaften der Französischen Revolution hinausschoss. Auf seinem fanatischen Weg galt er als ein Knechter der Völker, der dabei das neue, totale Gesicht des Krieges entwickelte.

ciu«. ■ Rue Puglesi Conti 3, Tel. 0495/52 11 43, Plan S. 143, südwestl. a5

Kneipen, Bars und Clubs

La Place Die Nachtbar ist seit 30 Jahren die Partyinstitution in der Inselhauptstadt. House und Techno nach 24 Uhr. ■ Place Diamant (neben dem Casino), Tel. 06 18/86 74 30, Plan S. 143, a5

In der Umgebung

Pointe de la Parata – Îles Sanguinaires
| Landschaft |

Ganz nach Westen mit Blickkontakt auf den Golf von Ajaccio führt die D 111. Nach 30 Minuten Fahrt geht es vom Parkplatz aus zu Fuß weiter zum Genueserturm Tour de Parata, der Marsch dauert etwa 40 Minuten hin und zurück. Der Blick auf die Inseln ist atemberaubend, und in der Brasserie I San-

guinari (Tel. 0394/520170) lässt sich eine Verschnaufpause einlegen.

Schildkrötenpark A Cupulatta
| Tierstation |

Weit mehr als ein Zoo für Schildkröten ist diese Aufzuchtstation, die sich dem Studium, Schutz und erfolgreich der Aufzucht von Land- und Wasserschildkröten widmet. Von den ca. 150 Schildkrötenarten aus aller Welt sind eine ganze Reihe live zu bewundern: winzige Exemplare aus Afrika oder Asien, die Seychellenschildkröte und die Tortue d'Herman Occidentale, eine auf der Insel heimische Landschildkröte. Schautafeln und artspezifische Beschreibungen geben auch auf Deutsch Auskunft über Verhalten und Herkunft der Tiere.
■ An der T 20, ca. 21 km in Richtung Bastia, www.acupulatta.com, April–15. Mai, 16. Sept.–11. Nov. tgl. 10–17.30, 16. Mai–15. Sept. tgl. 9–19 Uhr, 11,50 €, Kinder bis 11 Jahre 8,50 €

Übernachten

Fabelhafte Ausblicke krönen den Aufenthalt in raffinierten und charmanten Landhotels im »goldenen Dreieck« zwischen Porto-Vecchio, Bonifacio und Propriano. Sie bieten Erholung in einzigartigen Landschaften. Die Sehenswürdigkeiten und mittelalterlichen Orte sind auch von den abgelegeneren Unterkünften meist bequem und schnell zu erreichen. Kleine Stadthotels wählt, wer das kulturelle Leben in den genannten Städten sucht.

Bonifacio 128

€–€€ | E Tre Stelle Landhotel inmitten eines Olivenhains mit zwölf individuellen Zimmern, Steinfußböden, schönen Bädern und weiten Holzterrassen. Mit Lounge-Bar, Pool und Jacuzzi. ■ Lieu-dit Cavallo Morto, Chemin de Finocchio, 20169 Bonifacio, Tel. 04 95/21 71 49, www.bonifacio-hotel.fr

€€ | Le Royal Auch bekannt für seine gute Küche, bietet das alte Stadthaus am Rand der Zitadelle 14 komfortable Zimmer sowie Parkplätze. Schöner Blick vom Restaurant. ■ Rue Fred Scamaroni 8, 20169 Bonifacio, Tel. 04 95/73 00 51, www.hotel-leroyal.com

€€ | Villa A Manichetta Neben den fünf charmanten, hellen Gästezimmern finden sich in dieser ausgefallenen ländlichen Maison d'Hôtes einladende Räume mit Vintage-Objekten. Stéphane pflegt hier einen Olivenhain und züchtet eine alte korsische Schafrasse. Tres sympa! 3 km von Bonifacio entfernt. ■ Route de Piantarella, 20169 Bonifacio, Tel. 06 66/78 31 94, www.amanichetta.fr

Porto-Vecchio 132

€ | Les Jardins du Golfe Feriendorf am Strand mit viel Platz zum Camping und 14 funktionellen Holzchalets. Mit Wassersportbereich und vielen Aktivitäten für Kinder. ■ Route de Palombaggia, 20144 Favone, Tel. 04 95/70 46 92, www.camping-jardinsdugolfe.fr

€–€€ | Hôtel du Golfe Das sympathische Strandhotel mit üppigen Wäldern bis ans Haus verfügt über eine tadellose Küche und diverse Zimmer und Studios. Es liefert perfekte Sonnenuntergänge am Traumstrand von Pinarello. ■ Pinarello, 20144 Sainte-Lucie de Porto-Vecchio, Tel. 04 95/71 40 70, www.corsica-hotel-legolfe.com

€€–€€€ | Résidence Castell'verde Eine geschickt in den Pinienhain integrierte große Ferienanlage mit diversen Bungalowgrößen. Dazu Terrasse, Restaurant und Tennisanlage. Vom Pool reicht der Blick auf die gesamte Bucht und den vorgelagerten Étang. ■ Baie de Santa Giulia, 20137 Porto-Vecchio, Tel. 04 95/70 71 00, www.sud-corse.com

Sartène 134

€–€€ | A Tinedda Das massive Steinhaus in Panoramalage mit Aussicht bis hin zum Bavella-Gebirge bietet bequeme Zimmer mit Bad und einen sehr schönen Garten. Der Besitzer Victor Jonca ist Landwirt und versorgt die Gäste mit Früchten und Wein aus

Im Zentrum von Bonifacio säumen zahlreiche Hotels den fjordartigen Naturhafen

eigener Produktion. Er legt wert auf einen Mindestaufenthalt von drei Tagen. Die Küche ist täglich geöffnet (reservieren!) und bereitet u.a. feine »canelloni al brocciu« oder die traditionelle »zuppa contadinu corsu« zu. ■ Vallée Rizzanèse, 20100 Sartène, Tel. 04 95/77 09 31, a.tinedda@free.fr

€€ | Auberge U Sirenu Gemütliche Apartments und Zimmer in einer wenig besiedelten Landschaft. Von hier führen Pisten zum wilden Roccapina-Strand. Die Küche des netten Landhotels hat einen ausgezeichneten Ruf: Gegrilltes, wie »sanglier du pays« oder feine »lasagne aux aubergines«. ■ Orasi, Route de Bonifacio, 20100 Sartène, Tel. 06 24/34 38 46, www.usirenu.fr

Propriano 136

€–€€ | Résidence Marie Diane Eine ruhig gelegene kleine Apartmentanlage mit Pool am Stadtrand, die über unterschiedlich große Häuser mit Garten verfügt. Attraktive Preise in der Vorsaison. ■ 15 Quartier Saint-Joseph, 20110 Propriano, Tel. 04 95/76 13 08, www.residencemariediane.com

Olmeto 139

€ | La Cigalla Kleine, freundliche Unterkunft mit drei Gästezimmern mitten in der einsamen Natur bei Sollacaro. Sandrine bereitet ein Frühstück mit eigenen Produkten für ihre Gäste zu. Ca. 15 Minuten von Olmeto. ■ Cicala, 20140 Sollacaro, Tel. 06 16/49 57 89

Ajaccio 140

€–€€ | Kallisté Bequem gestaltete Zimmer sowie zwei verschiedene Apartmenttypen mit Küche. Nur wenige Schritte zum Hafen. ■ Cours Napoléon 51, 20000 Ajaccio, Tel. 04 95/51 34 45, www.hotel-kalliste-ajaccio.com

Der Westen und L'Île-Rousse

*Herrliche Landstraßen führen zu landschaftlichen Höhepunkten –
nicht weniger reizvoll sind die Städte von der Cinarca bis zur Balagne*

In diesem Kapitel:

ADAC Top Tipps:

 9 **Cargèse**
| Dorf |

Sie lieben Griechenland? Dann sind
Sie hier genau richtig! Vertrieben aus
ihrer Heimat Itylon startete hier vor
knapp 400 Jahren eine Gruppe mit
mehreren hundert griechischen
Flüchtlingen einen Neuanfang. 151

10 **Pigna**
| Künstlerdorf |

Fast ein Vorzeigeort für ein geglück-
tes Zusammenspiel von regionalem
Kunsthandwerk, anspruchsvollen Kul-
turveranstaltungen und schicken Restaurants. Es lohnt, einen Blick auf das
Programm zu werfen! 165

Klangvolle Buchten reihen sich an der
Westküste aneinander: Vom Golfe de
Sagone geht es über den Golfe de Girolata zum Golfe de Galéria. Dann die
traumgleichen, Tafoni genannten Felsskulpturen der Calanche de Piana mit
engsten Passagen. Was sich an der
Westküste zwischen Mare und Monti
abspielt, lohnt auch gelegentliche
Umwege über kleine Stichstraßen und
natürlich ausgedehnte Wanderungen,
etwa zum Capo Rossu. Oder per Schiff
zur Réserve naturelle de Scandola.
Eher lieblich wirken die weiter nördlich
gelegenen Landstriche der Balagne
und der Filosorma, über denen im Winter schneebedeckte Bergpanoramen
thronen. In den charmanten Dörfern
der Region haben sich in den letzten
Jahrzehnten einige Kunsthandwerker
angesiedelt, und viele Ortskerne erfuh-
ren eine aufmerksame Renovierung.
Selbst die gepflasterten Gassen konnten vielerorts bewahrt werden.

ADAC Empfehlungen:

 Plage du Liamone
| Strand |
Auf Strandgutsuche – ein schöner
Fleck unbezähmter Natur 150

 Calanche de Piana
| Landschaft |
Wandern, Staunen, Rätseln. Am besten
zu ungewohnter Tageszeit. 153

 Zur Bucht von Girolata
| Wanderung |
Wanderweg zu einem einst von Pira-
ten heimgesuchten Naturhafen. 155

 U Minellu, Calvi
| Restaurant |
Korsische Spezialitäten mit viel Gusto!
Wie von der Großmutter. 158

 Miel du Maquis, L'Île-Rousse
| Geschäft |
Macchia-Honig und weitere Honigraritäten beim Kleinproduzenten. 169

 **U Castellu di Santarellu,
Calenzana**
| Geschäft |
Legendäre Panini, Käse von lokalen
Schäfern und eine köstliche Auswahl
an Gebäck und Kuchen. 161

 **Road- oder Biketrip durch
die Balagne**
| Landschaft |
Das Herz der Region schlägt in den
liebenswerten Ortschaften und
Bergnestern im Hinterland. 170

33 Sagone

Übersichtlicher und gemächlicher Ferienort, um die Region zu erkunden

 Information

■ Pont Info Tourisme, Route de la Plage, Tel. 04 95/28 03 46, www.ouestcorsica.com

Während das in den Bergen gelegene Vico – fast 14 km entfernt – prosperierte, hatte Sagone nicht nur gegen einfallende Mauren, die viele Einwohner deportierten, zu kämpfen – sondern erlitt bis in die 50er-Jahre des vergangenen Jahrhunderts einen Bevölkerungsschwund durch die hier um sich greifende Malaria. Nach dem Rückzug der Bewohner in das höher gelegene Vico brachte erst der Tourismus eine deutliche Verbesserung der Einkommen, nachdem auch der Weinanbau nicht unproblematisch verlaufen war. Der Golf von Sagone bildet die größte Bucht Korsikas und wird von vier Flüssen gespeist – im Norden der Sagone, dann der Liamone, der Liscia und der Lava, der bei Punta Parragiola in das Meer fließt. Der Limone eignet sich gut für Kajaktrips, während die ganze Bucht von Seekajakern genutzt wird.

 Sehenswert

Plage du Liamone
| Strand |

 Spazieren, baden und sonnen am einsamen weiten Wildstrand

Einer der Traumstrände der Westküste liegt ganz in greifbarer Nähe: ein naturbelassener feinkörniger Sandstrand von rund 2 km Länge. Vom Parking des Strandclubs Al Fiume, südlich der modernen Brücke über den Liamone, geht es nach Süden – oder, mit etwas Geschick, auch nach Norden.

 Parken

Stellplätze am **Parking Rue Sanpie**.

 Restaurants

€ | **Le Grand Large** Sympathisches Strandrestaurant an der D 81 kurz vor dem Ort mit einer guten Auswahl an Pasta, Fischgerichten und Pizza aus dem Holzofen. Paella und Couscous auf Nachfrage. ■ Esigna, Tel. 04 95/28 02 20, Mo geschl. (außer Aug.)

 Sport

Ranch Corse Ausritte in der Region und Reitstunden. ■ Route de Vico, Tel. 04 95/28 01 57, www.ranchcorse.com

🚗 **In der Umgebung**

Couvent de Vico
| Kloster |

Ein schönes Bauensemble im Ortsteil Nesa. Ein Besuch des Innenhofes, der Kirche sowie eines Hausflügels vermittelt ein wenig vom Esprit der hier lebenden Franziskanermönche. Für einen kurzen Rückzug von der Welt bieten die Brüder auch Unterkunft.

■ Ca. 30 Min. von Sagone auf der D 70, www.couventdevico.fr, tgl. 8–18 Uhr, Eintritt frei

Guagnu
| Dorf |

Hoch über Vico führt die D 23 zum Weiler Guagno, Start für einige Wanderungen (ausgeschildert): entlang der Vallée Grosso zum Refuge de Pietra Piana am GR 20 und zum Monte Rotondo.

Cargèse

 Eine griechische Odyssee bis zu den Ufern des Golfe de Sagone

Information

■ Uffiziu Turismu, Rue Dragacci, Tel. 04 95/26 41 31, www.ouestcorsica.com

Ein authentisches Kleinod ist Cargèse! Der historisch gewachsene Ortskern und ein kleiner Hafen sind Zeuge einer griechischen Besiedlung vor knapp 400 Jahren. Heute stehen sich die griechisch-orthodoxe und die katholische Gemeinschaft ungewöhnlich nah. Die bekannte griechische Ostermontagsprozession verfolgt ganz Korsika medial, sie vereint festlich den ganzen Ort. Aus manchen Fenstern der gedrungen und oftmals graublau getünchten Häuser weht dann eine griechische Fahne, während unter den Blicken vieler einheimischer und fremder Besucher die Bruderschaft von Saint Spyridon feierlich den Ort durchquert.

Sehenswert

Église de Saint-Spyridon
| Kirche |
1873 weihte die griechischen Gemeinschaft ihre Kirche ein. Bereits ihre leuchtenden Fresken sind einen Besuch wert. Da die Kirche immer noch viele Funktionen ausübt, sollten Besucher auf etwaige Messen achten.
■ Rue de la Grèce/Rue du Père Chappet

Parken

Stellplätze am **Parking Rue Sanpiero**.

Restaurants

€ | **U Serenu** Auf den Tisch kommen fantasievolle Pastagerichte und gute Pizzen aus dem Holzofen. ■ Rue de la République, Tel. 04 95/23 35 06

Umgeben von traumhaften Stränden ist Cargèse zum beliebten Reiseziel geworden

Im Blickpunkt

Die Griechen von Cargèse

Ein einzigartiges Beispiel für ein facettenreiches Zusammenspiel zwischen Korsen und einer Gruppe Neuankömmlinge ist diese ursprünglich rein griechische Stadt aus dem 17. Jh. Von der Tyrannei des Ottomanischen Reiches geflüchtete Griechen segelten nach Korsika und siedelten sich mit der Hilfe der Genuesen an. Die Neuankömmlinge passten sogar ihre Nachnamen an, aus Papadakis wurde Papadaci. Den Genuesen war nämlich ihr Fleiß im Anbau von Oliven, Obstbäumen und Wein durchaus willkommen. Zugleich brachten sie ein Stück ihrer religiösen Kultur mit. In der griechisch-orthodoxen Kirche Saint Spyridon aus dem Jahr 1874 lebt ein Stück Griechenland weiter: lebhaft kolorierte Fresken an Wänden und Gewölben sowie orthodoxe Ikonen. In Sichtweite befindet sich die katholische Église Sainte-Marie-de-l'Assomption (1828), ganz im Barockstil gehalten. Sie sollte eigentlich die damalige griechische Kirche übertrumpfen. Denn nach einer Vertreibung der Griechen, die in den Augen der Korsen mit den Besatzern kooperiert hatten, war deren Position mit dem Abzug der Genuesen in Frage gestellt. Dadurch stärkte sich jedoch ihr Zusammengehörigkeitsgefühl und ihr Wille, sich gegen äußere Einflüsse zu widersetzen. So ist es kaum verwunderlich, weshalb in Cargèse auch heute noch gewisse Gebräuche und sogar die griechische Sprache weiterhin lebendig sind.

 Events

Ostermontagsprozession Entsprechend der Tradition findet eine griechisch-orthodoxe und eine römisch-katholische Ostermesse statt, während die Prozession von der griechischen Gemeinde organisiert wird.

 In der Umgebung

Capu Rossu
| Landschaft |

Vom Weiler Piana biegt die D 824 ab, und nach ca. 6 km folgt ein Schild an einem Parkplatz zur Wanderung zur Tour de Turghiu. Sie führt über eine Senke zum ca. 450 hohen Genueserturm mit spektakulärer Aussicht auf den Golf von Porto bzw. die gesamte Küstenlinie (ca. 3,5 Std. hin und zurück).

35 Porto

Betagter genuesischer Ausguck auf die Küste und das Umland

 Information

■ Porto Turisme, La Marine, Tel. 0495/26 10 55, www.ouestcorsica.com

Der kleine Hafenort Porto hat wie Bonifacio während der Saison recht viel Besuch, und die Restaurants erhöhen entsprechend ihre Preise. Die Plage d'Arone ist jedoch ein erfrischendes Bad wert, und auch der genuesische Wachturm lohnt einen Besuch. Von den Unterkünften lässt sich am Abend, wenn sich der Tagestourismus wieder verflüchtigt hat, ein etwas ruhigerer Blick auf den Hafen werfen.

Sehenswert

Calanche de Piana
| Landschaft |

 Einer der ausgefallenen Spots: eine Felslandschaft zum Staunen

Dieses pittoreske Naturphänomen nur wenige Kilometer südlich von Porto begeistert einfach. Fast einspurige Straßenabschnitte und Haarnadelkurven der D 81 fordern hier das Geschick der Autofahrer heraus. Bei einem Parkplatz (ausgeschildert »Tête de Chien«) auf der Strecke zum Bergdorf Piana (auf fast 500 m, lohnt als Stopover für einen Café) beginnt eine aufregende, aber leichte Krackseltour, die etwa 50 Min. (hin und zurück) in Anspruch nimmt.

Tour Génoise
| Turm |

Der Genuesische Turm bietet eine wunderbare Aussicht. Im Inneren sind Tafeln zur Geschichte des Turms und zur Wurzel der Baumheide, auf Französisch »bruyère« genannt, zu sehen.

■ Tgl. 9–18 Uhr, 3 €, erm. 2 €

Im Blickpunkt

Kennen Sie Tafoni?

Neben der markanten, aussichtsreichen Küstenstraße sind es vor allem die bizarren Formen des Granits, die die Calanche berühmt machten. Sie nennen sich Tafoni, von »tafonare« (aushöhlen). Alkalische Substanzen im Granit und Wasser lassen die Löcher im Gestein entstehen. Die rosafarbenen Porphyrzusätze der Felsformationen mit Namen wie »Löwenkopf« leuchten vor allem in der Dämmerung besonders intensiv.

P **Parken**

Leider ist Porto verkehrstechnisch im Sommer vollkommen überlastet. Mehrere **Parking**-Bereiche bietet die Route de la Marine. Am besten stellt man den Wagen bereits an der Abzweigung der D 81 in den Ort ab.

Der Genueserturm erhebt sich auf einer Klippe über der malerischen Bucht von Porto

Evisa und in den Fôret d'Aitone mit seinen großen Schwarzkiefern. Unterkunft bietet das Hotel mit Bistro La Châtaigneraie (Tel. 04 95/26 24 47).

36 Galéria

Biotop am Delta des Fango mit kleinem Hafen und einem tollen Wandergebiet

ℹ Information

■ Carefour de Cinque Arcate, Tel. 04 95/62 02 27, www.balagne-corsica.com

Die Bucht von Galéria an der Mündung des Flusses Fangu ist in jeder Hinsicht beeindruckend. Als Naturreservat bildet sie eine ökologische Nische für viele Vogelarten wie Zwergtaucher, Seidenreiher, Fisch- und Nachtreiher sowie Sumpfschildkröten. Eine bisweilen karge Steppen- und Sumpflandschaft erstreckt sich entlang des Fangu, an dem auch der Fernwanderweg »Mare e Monti« beginnt. Beim Ponte Vecchiu bzw. am Dorf Tuarelli gibt es einen Zugang zu glasklaren Wasserbassins, die zum Schwimmen einladen.
Auch heute ist das Umland, Filosorma genannt, noch ein dünn besiedeltes Weideland mit wenigen Höfen bzw. Bergerien und ein prima Wandergebiet. Eine Schnupperwandertour (ausgeschildert) führt von Tuarelli zum Forsthaus Bonifatu bzw. Calenzana – oder über Calca mit etwas Kondition nach Girolata. Als großartige Naturlandschaft präsentiert sich die Réserve naturelle de Scandola, die nur vom Wasser aus per Schiff zu sehen und beschränkt zugänglich ist. Die Halbinsel entstand vor 250 Mio. Jahren. Ihre typischen roten Felsen verweisen auf Korsikas Ruf als »Gebirge im Meer«.

Auf dem Weg nach Girolata schweift der Blick über die Bucht von Galéria

👫 Kinder

Aquarium de la Poudrière Interessantes zur Flora und Fauna im UNESCO-Meeresschutzgebiet La Scandola ist in einem alten Pulvermagazin unterhalb des Genueserturms zu sehen. ■ Tgl. 9–19, Winter bis 18 Uhr, derzeit geschl.

🚗 In der Umgebung

Gorges de Spelunca
| Schlucht |
Die D 84 verbindet Porto mit Corte, auf halbem Weg liegt der Col de Vergio auf 1467 m Höhe. Eine fantastische Bergkulisse begleitet diese gut ausgebaute Straße bis sie sich durch die Spelunca-Schlucht schiebt. Für Wanderungen lohnt ein Abstecher nach

Restaurants

€–€€ | Restaurant L'Alivu Umgeben von alten Olivenbäumen mit schöner Terrasse wird korsische Küche serviert. Es gibt auch Gästezimmer. ■ Route du Bord de Mer, Tel. 04 95/62 01 93

 Cafés

Sasu Casa Nilu Eisdiele mit toller Aussichtsterrasse und guten Sorbets.

 Einkaufen

Der **Wochenmarkt** mit guten Produkten der Region wird am Freitag (bis 13 Uhr) abgehalten.■ Place Sainte-Marie

 Erlebnisse

Ausflug mit dem Schiff Es gibt Anbieter, die im Sommer Girolata bzw. die Réserve naturelle de Scandola von der Marina von Galéria aus anlaufen. ■ www.visite-scandola.com

 Sport

Altru Mare Tauchbasis L'Incantu, im Angebot sind auch Tauchausflüge mit dem Motorboot. ■ Port du Galéria, Tel. 04 95/62 03 65, www.incantu.com
Delta des Fangu Per Kajak oder Kanu lässt sich das Delta entdecken. ■ Parking am Ortseingang, Tel. 06 22/01 71 89, www.delta-du-fangu.com

 Wandern

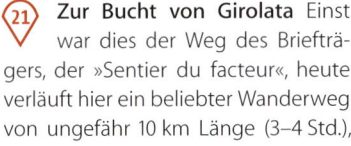 **Zur Bucht von Girolata** Einst war dies der Weg des Briefträgers, der »Sentier du facteur«, heute verläuft hier ein beliebter Wanderweg von ungefähr 10 km Länge (3–4 Std.),

ADAC *Mobil*

Die **Küstenstraßen** an der Westküste sind dort, wo es eng wird, eine Herausforderung – besonders im Sommer, wenn auch noch viele Camper unterwegs sind. Dann lohnt es sich, die Küstenstraßen der Insel dem Uhrzeigersinn nach zu erkunden. Wieso? Diese Richtung erlaubt es, immer an der Bergseite zu fahren und nicht auf der gelegentlich durch schmale Mauern zum Hang hin gesicherten Meerseite. Gewiss, der Beifahrer hätte auf der gegenüberliegenden Fahrbahnseite die besseren Ausblicke. Sorry!

der das Naturschutzgebiet erschließt. Er beginnt am Parking des Col de la Croix (270 m) oberhalb von Osani und bietet nach einer Anhöhe einen faszinierenden Ausblick auf die Bucht von Girolata, zu der sich der Weg über Macchia, Mastixsträucher, Kiefern und Steineichen hinunter in das Tal windet (ca. 250 Höhenmeter). Nach einer Holzbrücke folgt der Strand von Tuara der zum Schwimmen einlädt.

Der idyllische Bootsanleger ist im Sommer das Ziel von Ausflugsschiffen aus Galéria oder Porto, die den ehemaligen kleinen Piratenhafen auch zur Beobachtung der Steinadler-Population ansteuern. Sein Fort (16 Jh.) lohnt ebenfalls einen Besuch, es liegt hinter der kleinen Siedlung mit ca. 50 Einwohnern. Einige betreiben noch Langustenfischerei. Zurück geht es den gleichen Weg – der Besuch ist auch per Schiff möglich. Die Gîte »Cabane du Berger« bietet Unterkunft und gute Fischgerichte (Tel. 04 95/20 16 98). Osani liegt ca. 22 km nördlich von Porto.

37 Calvi

Ein französischer Mythos seit mehr als 50 Jahren

Dicht drängt sich die Oberstadt von Calvi auf den mächtigen Mauern der Zitadelle

ℹ Information

- OMT, Pole Balagne (am Hafen), Tel. 04 95/65 16 67, www.balagne-corsica.com
- Parken siehe S. 158

Hoch über dem Torbogen der Zitadelle findet sich ein Motto, das der Stadt bisweilen Hilfe und zugleich einige Konflikte brachte: »Civitas Calvi semper fideles«. Es beschwört die Treue zu Genua. Denn der Stadtrat rief 1278 Genua zur Unterstützung auf, nachdem die Fehden der aristokratischen Familien die Stadt fast an den Abgrund geführt hatten. Genua eilte, machte die Zitadelle uneinnehmbar, gewährte Sicherheit und erzürnte die korsische Unabhängigkeitsbewegung.

Heute bietet diese Festung mit der sehenswerten Église Saint-Jean-Baptiste an vielen Stellen faszinierende Panoramen auf die fernen Berge und den Golf von Calvi. Die nahe Place Christophe Colomb verweist hingegen auf den nicht bewiesenen Geburtsort des Entdeckers. Direkt an der Plage de la Pinede, dem weiten Stadtstrand, verläuft ein schattiger Kiefern- und Pinienwald (Parking an der Route de la Pinede).

Ganz in der Gegenwart bewegt sich die Stadt seit fast zwei Jahrzehnten Anfang Juli für fünf Festivaltage »Calvi on the Rocks«. Mit DJ-Set am Strand und Konzerten unter freiem Himmel.

Plan
S. 159

② Église Saint-Marie-Majeure
| Kirche |

Vielleicht die schönste barocke Kirchenfassade der Insel in weichen Pastelltönen – konstruiert auf einem griechischen Kreuz als harmonisches Hexagon, Ende des 19 Jh. fertiggestellt.

■ Rue Clemenceau, tgl. 8–19 Uhr

③ Oratoire de la Confrérie Saint-Antoine
| Oratorium |

Die Bruderschaften aus der Zeit der Genuesen ab dem 14 Jh. waren religiöse Zusammenkünfte, die eine soziale Unterstützung ihrer Mitglieder förderten – etwa bei Unfällen, Geldnot oder dem Tod der Betroffenen. Der kostbar, aber schlicht gestaltete Raum zeigt ein Triptychon norditalienischer Herkunft mit einer Kreuzigungsszene.

■ An der Südseite der Zitadelle, Öffnungszeiten im Tourismusbüro, Eintritt frei

👁 Sehenswert

① Zitadelle
| Festung |

Das heutige Bild der Festung besteht seit dem 15. Jh. Ein Netz von Gassen durchzieht sie und öffnet sich bei der Église Saint-Jean-Baptiste (1576) mit der Place d'Armes. Ganzer Stolz ist dort der Christ Noir, ein fragiles Kruzifix, das der Legende nach 1555 eine türkische Belagerung abgewendet hat. Viel Licht führt eine geschickt konstruierte verglaste Laterne ins Kircheninnere. Drei Taufbecken mit poetisch anmutendem Engelsantlitz sind einen Blick wert, ebenso die fein skulptierte barocke Kanzel aus Eichenholz (1798).

④ Tour du Sel
| Turm |

Der zentrale Wachturm am Hafen besaß einst ein Salzdepot, worauf auch sein Name hindeutet. Er war Teil einer Reihe von Schutzanlagen, die die Republik Genua zwischen 1530 und 1620 errichten ließ, um die fortwährenden Piratenangriffe einzudämmen.

⑤ Marché Couvert
| Markt |

Der hübsche Wochenmarkt findet von Montag bis Samstag bis 13 Uhr statt. Früh morgens lohnt ein Blick auf die gute Auswahl an frischem Fisch.

■ Place du Marché

Im Blickpunkt

Die mehrstimmige Vokalmusik Korsikas

Vergleichbar mit Inhalten und Gesangstechniken spezieller Chöre, etwa dem gregorianischen oder dem tibetischen Gesang, blickt die harmonische Polyphonie Korsikas als religiöser und weltlicher Gesang auf eine lange Tradition zurück. Mit einer Hand an das Ohr gelegt, um so die genaue Tonhöhe zu erfassen, singen diese Musiker ohne Instrumente in ihrer alten, fast fremdartig wirkenden Vokaltradition der »paghjella«. Beim genauen Hinhören sind es drei Stimmlagen – »u bassu«, »a segonda« und »a terza« –, die sich ergänzen oder für sich hervortreten. Die Gruppen finden über die kirchliche Liturgie (Tod oder Trauer) und Themen des Alltags zusammen. Bisweilen wird der Hörsinn der Teilnehmer irritiert, wenn mehr als zwei Teilfrequenzen ihrer Stimme zufällig oder bewusst angesteuert werden. Die Sänger schaffen gelegentlich auch eine Mehrtonigkeit voneinander unterscheidbarer Töne in diesem Stimmendialog. Sowohl der Grundton, als auch die sogenannten Obertöne kommen nun melodiös bzw. rhythmisch in Bewegung. Eine mitschwingende Frequenz des Teiltons schwingt doppelt so schnell wie der Grundton – eine Oktave oberhalb des Gesangstons. Alljährlich findet seit mehr als zwei Jahrzehnten in der zweiten Septemberhälfte das Polyphonie-Festival (Rencontres de Chants Polyphoniques) in der Zitadelle von Calvi statt. Neben lokalen Musikern kommen auch Teilnehmer aus der Bretagne, Georgien, Le Réunion, Tibet oder Sardinien. Vielfalt ist auch ein Trumpf dieser erstklassigen Vokalmusik (www.paghjella.com).

 Parken

Parking Port, vor dem Beginn der Altstadt am Hafen.

 Restaurants

€ | Chalet du Port Pizza aus dem Holzofen, Pastagerichte und Salate. Schöne Terrasse. ■ Unterhalb der Zitadelle, am letzten Parkplatz am Hafen, Tel. 06 23/21 14 53, Plan S. 159, c2

(22) **€ | U Minellu** Eher unscheinbar wirkt dieses Lokal angesichts der großen Auswahl an Restaurants in Calvi. Die Terrasse ist schnell belegt. Fantasievoll zubereitet werden Gemüserisotto, »trippa alla Calvese« oder das Kabeljaufilet. Gute Dolci und Käse.

■ Traverse de l'Église, Tel. 04 95/65 05 52, www.u-minellu.fr, Plan S. 159, a2

€€ | Santa Maria Reiche Auswahl an Fischgerichten, serviert auf einer stimmungsvollen Piazza. ■ Rue Clemenceau 14, Tel. 04 95/65 04 19, Plan S. 159, a3

 Einkaufen

Annie Traiteur Ausgezeichnete Auswahl regionaler Produkte, Weine aus ganz Korsika und ein Glastresen, hinter dem sich unzählige Spezialitäten ausbreiten. Daneben gibt es Gemüse-Tarts, Terrinen mit vielen Geschmacksrichtungen, Weinspezialitäten, eine Käsetheke, Konfitüren und Gebäck. ■ Rue Clemenceau 5, Tel. 04 95/65 49 67, http://annietraiteur.com, Plan S. 159, a3

Au Petit Pavillon Der versteckte klassizistische Pavillon diente einstmals als Bibliothek, nun wird hier Handwerk ausgestellt. ■ Treppe zur Rue Alsace Lorraine, Plan S. 159, a2

Y Kneipen, Bars und Clubs

Chez Tao Die Adresse inmitten der Zitadelle von Calvi. Als Pianobar und Cabaret schließt sie erst am Morgen und hatte in den 1960er- und 1970er-Jahren die Größen des französischen Chansons zu Gast. ■ Route de la Citadelle, Tel. 04 95/65 00 73, Plan S. 159, c2

La Camargue Imposanter Club mit Gärten, Bars und Pool. Viele Events, Cabaret und bekannte DJs. Shuttleservice vom Zentrum. ■ RN 197, Tel. 04 59/65 08 70, Plan S. 159, südöstl. c3

Gefällt Ihnen das?

Sie lieben die Sonnenaufgänge an den Traumbuchten im Südosten und staunen über das violette Licht der Abenddämmerung am Golf von Calvi? Dann sollten Sie einmal einen Tag am Strand von **Barcaggio** (S. 83) verbringen. An diesem Uferabschnitt am äußersten Nordzipfel des Cap Corse lassen sich gleichermaßen beeindruckende Sonnenauf- und -untergänge verfolgen.

● Events

A l'inizu c'era la voce Polyphonie-Festival im September.

Entspannung

La Pinede Calvi hat seinen kostbaren Pinienwald in die Gegenwart retten können. Nun lockt er mit seinem schattigen und duftenden Ambiente.
■ Route de la Pinede

38 Calenzana

Achtung Wanderer: die letzte Station vor der Grande traverse des GR 20

 Information

■ Maison du GR 20, Place de l'Église, Tel. 04 95/62 87 78, www.balagne-corsica.com

Neben der gut besuchten Osterprozession ist der Ort für ein historisches Ereignis bekannt, das an der Église Saint-Blaise vermerkt ist. 1732 hatte Karl VI. 500 deutsche Söldner den Genuesen zur Unterstützung gesendet. Sie kamen in einer Schlacht um und liegen hier begraben. Den Bewohnern gelang es

trickreich, die bedrohliche Übermacht zu zerstreuen. Weiter zurück liegt der Märtyrertod der Heiligen Sainte Restitude (303), die sich als Christin bekannte. Ihre Gebeine werden feierlich in einer Prozession von der Chapelle de Sainte-Restitude aus durch den Ort getragen. Heute leben die Einwohner gut vom Tourismus, der – als Startpunkt des GR 20 – viele Wanderer hierher führt.

 Sehenswert

Église Sainte-Blaise
| Kirche |
Bereits die Fassade der barocken Kirche (1707) mit einem frei stehenden Campanile verweist deutlich auf die Herkunft des florentinischen Baumeisters Cortesi. Der hübsche Vorplatz lädt zum Verweilen ein.
■ Place de l'Église Sainte-Blaise

 Parken

Stellplätze an der Place de l'Église.

Die Stiftskirche Saint-Blaise in Calenzana verfügt über kunstvolle Deckenfresken

Restaurants

€–€€ | **La Calenzana** Traditionelle korsische Küche. ■ Place Prince Pierre, Tel. 0495/627025

Einkaufen

 U Castellu di Santarellu Eine Institution ist die Boulangerie der Familie Guerini, eröffnet 1948. Neben einem von Michelin gekürten Brot gibt es Ziegenkäse und Wurst, heimischen »berger« sowie Kekse und feine Kuchen, etwa die »tarte de citron«. ■ Place Prince Pierre 3, auch So geöffnet

Konzerte

Zwischen dem 17. und 24. August finden die **Rencontres de Calenzana** statt. ■ Info beim Hôtel de ville

🚶 Wandern

Die professionelle Trekking-Agentur **Corsica Adventure** mit Sitz in Ajaccio arbeitet mit 25 Bergführern zusammen und entwirft Trekkings à la carte mit Gepäcktransport sowie Zeltlagern, wenn die Berg-Gîtes voll sind. ■ www.corsica-adventure.com

Eine faszinierende und beliebte Route von ca. 180 km Länge durchquert die Hochgebirge der Insel und verbindet **Calenzana** im Nordwesten mit **Conca** im Südosten. Der anspruchsvollste Wanderweg besteht aus 15 Tagesetappen à sechs bis acht Stunden mit Refuges bzw. einfachen Herbergen für die Wanderer. Trekking-Fans müssen ihre Unterkunft in einer der Refuges, aber auch die Biwak-Schlafstätten vorab reservieren. Da Schlafplätze in den Berghütten und Outdoor-Campings

Gefällt Ihnen das?

Sie möchten gern den GR 20-Wanderweg probieren, wollen aber wenig Menschen sehen? Oder nur wenige Tage laufen? Dann sollten Sie sich am Calenzana Infopoint GR 20 gut mit Karten für die Wege **Sentier de Transhumance, Mare e Monti Nord** oder am Startpunkt Porticcio (südl. von Ajaccio) **Mare a Mare Centre** bzw. **Mare e Monti Sud** eindecken.

begrenzt sind, wird seit 2010 eine obligatorische Buchung verlangt. Zu reservieren sind die Unterkünfte über die Website der Parkverwaltung des Parcu de Corsica unter www.pnr.corsica bzw. in den Maisons d'information in Conca, Corte, Ajaccio und Calenzana.

In der Umgebung

Fêret de Bonifatu

Der dichte Kiefernwald liegt ca. 18 km entfernt im Hinterland von Calenzana. Zunächst geht es Richtung Monocale, dann weiter auf der D 251. Hier liegt die praktische Auberge de la Forêt di Bonifatu mit einigen Doppelzimmern und einem Schlafsaal (Tel. 0495/650998).

39 Lumio

Viel Bella Vista in der charmanten Stadt hoch über der Bucht von Calvi

Bereits zur Zeit des Römischen Reichs war der Ort besiedelt, sein Name leitet sich vom lateinischen »lumium«, also Licht, her und benannte ein aus der Bronzezeit übernommenes Wohngebiet hoch über dem Ort am Monte Ortu. Dorthin bzw. zu den Ruinen von

Hinter der selten so menschenleeren Plage d'Aregno erhebt sich die Altstadt Algajolas

Occi führt ein stufenreicher Wanderweg. Das kleine Ortszentrum mit dem Caffè di a Mossa am Kirchplatz der Église Saint-Antoine ist der abendliche Treffpunkt der Einheimischen. Die Aussicht von dort auf die Bucht von Calvi ist fantastisch. In den letzten Jahren haben Festlandfranzosen hier ihr Domizil aufgeschlagen und so etwas Leben in den Ort gebracht.

 Sehenswert

Chapelle San Pietro e Paolo
| Kapelle |
Südlich vom Ortskern erhebt sich diese massiv und gedrungen wirkende romanische Kapelle aus dem 12 Jh. Sie verfügt nur über wenig Schmuck an der Außenfassade, besitzt aber zwei einschüchternde Löwen am Portal.
◼ Place de l'Église

 Parken

Oberhalb vom Hotel Chez Charles kann man den Wagen abstellen.

 Restaurants

€ | L'Ortu di a Funtana Pizzeria und Café mit Panoramaterrasse. ◼ Place de l'Église, Tel. 06 95/78 53 34

€ | U Caffè di a Mossa Bistro und Café mit wenigen, aber hervorragenden korsischen Gerichten und Salaten. Täglich wechselnde Karte. ◼ Place de l'Église, Tel. 06 19/80 84 15

 Sport

Centre Equestre de Balagne Reitzentrum am nördlichen Ortseingang von Lumio an der T3. ◼ Tel. 04 95/60 66 66, mireille.ouvrier-buffet@wanadoo.fr

Wandern

Zum Monte Ortu und den Ruinen von Occi Der ca. 4,5 km lange Weg (ca. 2 Std.) führt vom Ortsteil Perelli bzw. der Av. Bella Vista (kleines Schild Occi) nach einem Aufstieg (ca. 300 Hm) zunächst zur Chapelle A Stella auf einem kleinen Plateau, das bereits in der Bronzezeit als Kultstätte diente. Dann verläuft der Pfad parallel zur Küste weiter am Berg nach Norden, bis die Ruinen von Occi erscheinen. Der Blick von hier auf die Bucht von Calvi ist überwältigend. Zurück geht es unterhalb von Occi in ca. 30 Minuten hinunter zum Parkplatz beim Hotel Charles.

40 Algajola

Zur herrlichen Arengo Plage ist es von Calvi nur ein Katzensprung

 Information

■ Info Point im Bahnhof, www.balagne-corsica.com

Schon die Römer besiedelten diesen Ort, und im 15. Jh. hielt sich der genuesische Verwalter der Region hier auf. Seit der ersten Hälfte des 19. Jh., damals entstand das Hôtel de la Plage mit seinem Arkadengang, hat sich hier eine behutsame Bebauung mit niedrigen Häusern vollzogen. Dieses einladende Ortsbild lässt sich gut vom Parking des Beau Rivage aus entdecken – sowohl am Bord de Mer mit den prächtigen Pytopherus-Büschen bis hin zur Place de Castellu, wie auch über zwei Stichstraßen. Der perlige Sandstrand Plage d'Aregno hat eine warme, fast rosafarbene Tönung und zieht sich weit bis zum Café A Rota hin.

 Sehenswert

Castellu
| **Festung** |
Die private Zitadelle (18 Jh.) rahmt eine stimmungsvolle Piazza mit Restaurant. Hinter der einstigen Festungsmauer fanden die Einwohner Schutz vor den Angriffen der Sarazenen, die zuvor wiederholt hier eingefallen waren.
■ Place de la Citadelle

Chapelle de Saint-Joseph
| **Kapelle** |
Gelegentlich ist die um 1750 errichtete kleine, charmante Kapelle geöffnet, im Sommer werden auch Konzerte organisiert. Programm am Infopoint.
■ Nahe Hotel l'Ondine

 Verkehrsmittel

Zwischen Calvi und L'Île-Rousse verkehrt fünf- bis siebenmal täglich eine kleine **Tram** an der Küste, in ca. 30 Min geht es nach Calvi – gerade im Sommerverkehr ein attraktives Angebot, da die Hauptstraße schnell verstopft ist.

 Parken

Parking Hotel Beau Rivage am westlichen Ende des Strandes.

■❘❘ **Restaurants**

€–€€ | U Castellu Kreative französische Küche mit wechselnden und klangvollen Gerichten zu passablen Preisen. Angenehme Terrasse. ■ Place U Castellu, Tel. 04 95/60 70 09

€€ | Restaurant Les Arcades Neben der guten Küche des Hôtel de la Plage überzeugt die Bar zur Aperó-Zeit. ■ Chemin des Arcades, Tel. 04 95/48 17 95

41 Corbara

Bergdorf in der Balagne mit nobler Vergangenheit und illustren Gästen

ℹ️ Information

■ www.corbara.fr

Einen großartigen Blick auf den Monte Grosso und hinunter in die Ebene bei Algajola bietet der einstige Hauptort der Balagne. Hier konzentrierte sich die kirchliche und weltliche Macht in Form der Grafen von Savelli, die das frühere Franziskanerkloster finanzierten. Ein Spross dieser Familie führt durch ein kleines Privatmuseum, vollgestellt mit Kuriositäten. Der Gang durch die fein restaurierten Gassen gibt immer wieder Blicke frei auf herrschaftliche Häuser, umgeben von riesigen Pinien. Hinter alten Mauern liegt mancher Prachtgarten mit Orangen und Heckenrosen. Ein höher gelegener Ortsteil führt an der Fassade der Pfarrkirche vorbei zu den Ruinen der von den Genuesen geschliffenen Festung. An den höchsten Felsen schmiegt sich die Chapelle Notre-Dame.

👁 Sehenswert

Couvent de Corbara
| Kloster |

Das im 15. Jh. gegründete Kloster hat einst den Literaten Guy de Maupassant, Pasquale Paoli und Kardinäle beherbergt. In den Wirren der Französischen Revolution zerstört und von Dominikanern wieder aufgebaut, ist es immer noch ein Ort des Rückzugs für all jene, die hier einige stille Tage verbringen möchten. Es werden auch Polyphonie-Gesangkurse angeboten.

■ Strada di l'Artigiani, Tel. 04 85/60 06 73, www.stjean-corbara.com, tgl. Führung um 15 Uhr (Spende erbeten), Messe 11.30, So 11 Uhr

Chapelle Notre-Dame des Sept Douleurs
| Kapelle |

Legenden begleiten die Entstehung der Kapelle mit einer romantischen Sitzbank auf ihrer Rückseite für einen Blick zum Träumen. Sie liegt oberhalb der Rue Borgo und der Altstadt.

■ Meistens geschl.

L'Église de l'Annonciation
| Kirche |

Die barocke Pfarrkirche besitzt einen wertvollen Marmoraltar und ein barockes Interieur. Besuch auf Anfrage im Musée du Trésor.

■ Rue San Rocco

Musée Privée de Guy Savelli
| Museum |

Ein originelles, von Sammelleidenschaft getriebenes und recht kurioses Potpourri an Objekten der letzten 400 Jahre. Es lohnt, gleich zu Beginn der Öffnungszeit (tgl. 15–18 Uhr) zu kommen.

■ Place de l'Église, Eintritt frei

Musée du Trésor de la Collégiale Corbara
| Museum |

Das kleine Museum in der alten Sakristei der Stiftskirche A Nunziata zeigt kleine Schätze aus der Vergangenheit der Kommune bzw. des Klosters.

■ Rue San Rocco, dann ausgeschildert, Mo–Sa 10–12, 15–18 Uhr, 3 €, erm. 2 €

 Parken

Stellplätze in der Strada di l'Artigiani.

42 Pigna

 Der »village de charme« bezaubert mit vielen musikalischen Gigs

 Information

■ Infopoint Place de l'Église, www.balagne-corsica.com

Blaue Fensterläden und mit leuchtenden Pastelltönen getünchte Fassaden säumen handtuchbreite Gassen mit altem Pflaster. Dazu romantische Cafés und eine Piazza mit Olmen. Als entzückendes Künstlerdorf hochgelobt, verkörpert Pigna eine stilvolle und behutsame Instandsetzung eines markanten Ortes seit den 1990er-Jahren. Das hat sich herumgesprochen. Anspruchsvolles Kunsthandwerk soll dabei die Initiative »Strada di l'Artigiani« mit kleinen Anbietern fördern. Auch der Musik soll mit dem Festival »Festivoce« Mitte Juni und weiteren Konzerten im Auditorium bzw. Amphitheater des Ortes Gehör verschafft werden.

Kaum zu glauben, aber mitten in der Balagne hat sich ein Ort mit 100 Einwohnern den Luxus erlaubt, ein Auditorium für 120 Gäste zu schaffen! Den Grund kennen die Initiatoren und Musiker der Region sehr gut: Auf Korsika gibt es um die 100 polyphone Musikgruppen, die öffentlich auftreten. Und in der Balagne gab es zwar das bekannte Ensemble Rencontres Polyphoniques de Calvi – doch kein begleitendes Forum bzw. fester Sitz für diese ambitionierte Volksmusik.

 Sehenswert

Casa di l'Artigiani
| Kunsthandwerk |
Gut gekennzeichnet sind die diversen Kunsthandwerksläden. Ein Plan am Ortseingang gibt nähere Auskunft. Interessierte können so spezielle Sparten des Handwerks besuchen.

 Parken

Am besten am Ortseingang.

Das Künstlerdorf Pigna betört mit schmalen Gassen und blühenden Plätzen

Die kleine pisanische Chapelle de la Trinité bei Aregno stammt aus dem 12. Jh.

 Restaurants

€€ | **A Mandria di Pigna** In dem ehemaligen Schafstall werden eine rustikale Küche mit Pfiff, gute Salate und feiner Wildschweinschinken serviert. ■ Tel. 04 95/32 71 24, www.restaurantpigna.com

 Einkaufen

Ceramica di Pigna Hier ersteht man leuchtende Keramik mit kreativen und geradezu perfekten Lasuren. ■ Haut du Village, Tel. 04 95/61 77 25

Le bedingtes de Juliette Die feine Pâtisserie besticht mit ausgesuchten Zutaten. ■ Place de l'Église

Scatt'à Musica Wer kennt sie noch, die Mini-Orgeln mit Handaufzug und Spielzeug aus farbigem Holz? Eine kleine Produktion mit poetischen Motiven entsteht im Atelier von Marie Darneal. ■ Tel. 04 95/61 77 34, www.scattamusica.fr

Bühne

Auditorium de Pigna In diesem Kulturlabor finden das ganze Jahr hindurch Konzerte auf hohem Niveau statt. Das alljährlich Mitte Juli stattfindende Festival »Festivoce« im Centre National de Création Musicale Voce ist eine Mischung künstlerisch-musikalischen Ausdrucks aus Korsika und internationalen Gästen. Damit findet der mehrstimmige korsische Gesang über neue Kontakte seinen Weg in die Welt der Festivals. Zugleich treten Komponisten für klassische bzw. mittelalterlicher Musik oder Multi-Instrumentalisten auf. Auch die Laute, vertreten durch Instrumentenbauer auf Korsika, findet auf dem Festival ein Comeback. Das Auditorium de Pigna ist ein außergewöhnlicher Ort für musikalische Metamorphosen. ■ Piazza à Ghjesgia, www.centreculturelvoce.org

🚗 **In der Umgebung**

Chapelle de la Trinité

| Kirche |

Die hübsche Pfarrkirche bei Aregno bzw. Sant'Antonino ist mit ihren bunten Granitquadern und knapp 18 m Länge eine typische Pfarrkirche aus der Zeit der pisanischen Herrschaft über Korsika. Klare Proportionen sowie eine halbrunde Apsis und einige Figuren- und Tierreliefs prägen die ansonsten schmucklose Kapelle.

■ An der D 151 in Höhe Aregno, unregelmäßig geöffnet

Im Blickpunkt

Frühling des Handwerks

Pigna hat es geschafft! Mittlerweile ist der Ort ein Begriff für anspruchsvolles Kunsthandwerk. Von hier ging die Initialzündung aus, das Kunsthandwerk in der Balagne wieder zu beleben und Künstler der Insel zu motivieren, Ateliers in der Region zu öffnen. Die Strada di l'Artigiani macht große Schritte, und zwischen Pigna, Speloncato, Aregno, San Antonino, Ville de Paraso und Calenzana sprießen fantasievolle Künstlerstudios aus dem Boden und beleben so das landwirtschaftlich geprägte Valeé du Reginu. Dabei sollte ein »Vorzeigeeffekt« auch auf andere Regionen der Insel übergreifen. Denn es gilt, nicht konforme Souvenirs zu schaffen, sondern das Kunsthandwerk weiterzubringen und hohe Standards in den unterschiedliche Metiers zu etablieren. *www.routedesartisans.fr*

ADAC *Wussten Sie schon?*

Glaube, Religion und das Zusammenleben der Menschen in den Hügeln und Bergen des Nebbio und der Balagne waren im 12. Jh. einst tief verwoben. Kaum eine der romanisch-pisanischen Kirchen, die nicht eine aussagekräftige **Symbolik** durch Figuren und Dekor vermittelt. Für die schriftlosen Bewohner der kleinen Weiler waren diese Hinweise göttliche Gebote, die ihnen Vertrauen und Mut gaben. Etwa der oft verwendete Unendlichkeitsknoten: eine Weinranke, durch die endlos das Leben bzw. Blut fließt als Symbol des ewigen Lebens.

Sant'Antonino

| Dorf |

Vom Adlerhorst Sant'Antonino – ausgezeichnet als »Les Plus Beaux Villages de France« – genießt man auf fast 500 m Höhe vor der Kulisse des Monte Grosso einen tollen Blick über die Balagne-Ebene. Dass sich die Korsen im 9. Jh. hier gut vor den Sarazenen schützen konnten und den Seeverkehr der Küste im Blick hatten, leuchtet ein.

Im Ort geht es durch enge, verwinkelte Gassen mit gut zu verteidigen Gewölbegängen. Der Chronist Giovanni della Grossa erzählt, dass die Seigneurs de Pino de Sant'Antonino sogar mehrere Befestigungen errichtet hatten. Heute drängen sich Besucher über die alten Pflaster und kantigen Treppenstufen. Vom Parking bei der unregelmäßig geöffneten Église de l'Annonciation mit ihren fragilen polychromen Fresken geht es zu Fuß weiter in den Ort.

■ Südl. von Pigna über die D 151/D 413

43 L'Île-Rousse

Vom Handelshafen zu Paolivilla und zum touristischen Naturhafen

 Information

■ Turismusbüro Rue Joseph Calizi, Tel. 04 95/60 80 14, www.balagne-corsica.com

Als Tourimusmagnet der Balagne begann die Entwicklung der roten Insel sprunghaft in den 1950er-Jahren und förderte die Zersiedlung der nahen Umgebung. Von architektonischen Sünden blieb auch das reizvolle Zentrum nicht verschont. Doch das ist schnell beim Betreten der weiten Place Pascal Paoli – einst Standort der Armee Paolis im Unabhängigkeitskampf – vergessen. Die Piazza atmet fast großstädtisches Flair, im edlen Hotel Napoléon Bonaparte gab sich einst die französische Elite die Klinke in die Hand, und der marokkanische König Mohammed V. verbrachte 1953 hier einen Teil seines Exils. Das kleine, windgeschützte Zentrum bietet nette Cafés, Boutiquen und Delikatessenläden. Besonders attraktiv ist der Tagesmarkt mit regionalen Köstlichkeiten. Vom Bord de Mer und einem herrlichen Strand nach Norden hat man gut den Hafen und die Küste des Cap Corse im Blick.

 Sehenswert

Place Pascal Paoli
| Platz |

Die schöne Piazza ist dem Stadtgründer gewidmet, der den Ort 1758 zunächst Paolivilla nannte und hier nicht nur sein Heer mit Zeltlager stationierte, sondern auch eine Oliven- und Kornmühle einrichten ließ.

Marché Couvert
| Markt |

Die von Säulen getragene Halle beherbergt täglich (bis ca. 13 Uhr) einen kleinen Lebensmittelmarkt mit feinen Spezialitäten wie Ziegenkäse, Honig, Öl, Wurst und frisches Gemüse. Besonders lohnend: ein Blick auf die große Auswahl von edlen Honigsorten.
■ Place Pascal Paoli

Parc de Saleccia
| Park |

Die knapp 7 ha große Anlage ist ein Mekka für Pflanzenliebhaber. Dutzende endemischer Arten, typisch mediterrane Gewächse und Macchia werden von knorrigen Oliven, Zypressen, Steineichen und Oliastro, der Ur-Olive, gesäumt. Teiche, verzweigte Terrassen und diverse Themenbeete erstrecken sich an einem Rundgang, der an einem schattigen Café endet. Nebenan liegt ein Spielplatz sowie ein Tiergarten.
■ Route de Bastia, Monticello, www.parc-saleccia.fr, Juli, Aug. tgl. 9.30–19, April–Juni, Sept. Mo 14–19, Di–Sa 9.30–19, So 10–19 Uhr, 9 €, erm. 7 €, Familien 25 €

Phare de la Pietra
| Leuchtturm |

Von der auf einem mächtigen Granitfelsen gebauten Anlage (1857) hat man einen weiten Blick in das bergige Hinterland. Auf dem etwa 20-minütigen Weg vom Zentrum gen Norden liegt auch der Genueserturm.

 Verkehrsmittel

Mit der **Tramway** geht es an der Traumküste von L'Île-Rousse ohne Stau nach Calvi. Das Ticket ist günstig, das atemberaubende Panorama gratis (www.corsicabus.org).

Der Phare de la Pietra weist Schiffen den Weg in den Hafen von L'Île-Rousse

Parken

In der Av. Charles de Gaulle sowie auf der T30 in Höhe des Corso Picconi.

Restaurants

€ | A Casella Eines der schönsten Bistros fast am Ende des Strandes. Seeteufel, Gambas und Calamari fein zubereitet, gute Salate. ■ Tel. 0495/47 10 45

€€ | L'Altare Alteingesessenes und gutes Restaurant mit Blick auf das Treiben an der Place Marché. Wechselndes Menü zu vernünftigen Preisen, gute Dolci. ■ Place Marché, Tel. 0495/60 31 41

Einkaufen

(24) **Miel du Maquis** Der sympathische Imker Gaec de Lozari aus Belgodère hat den feinsten Macchia-Honig und weitere Honigraritäten im Angebot. Er erklärt ausgiebig die Produktion und verteilt eifrig Löffel zum probieren. ■ Marché Couvert, 15. April–1. Nov. tgl. 8–12.30 Uhr

Sport

Golf Ein kleiner 9-Loch-Platz erstreckt sich in schöner Natur. ■ Strada Speluncatú, Vallé du Reginu, Tel. 0495/61 51 41, http://golf-reginu.com

Reiten Baleccia Equitation organisiert Exkursionen zur Plage d'Ostriconi und zum Désert des Agriates. ■ Ferme Equestre d'Arbo Valley, Route de Bastia, Tel. 06 16/72 53 12, http://arbovalley.fr

44 Belgodère

Ein romantisches Plätzchen hoch über der fruchtbaren Vallée du Regnu

Einige Anekdoten reihen sich um die Entstehung dieses tatsächlich als »schöner Genuss« sich präsentierenden, um einen Hang gebauten Ortes mit viel Panorama. Omen est nomen? Fest steht, dass die pisanische Adelsfamilie Malaspina lange Zeit das Sagen hatte und von hier die Geschicke der Region bestimmte. So auch in dem wenige Kilometer entfernten, zauberhaften Weiler Ville de Paraso, wo noch weitere prächtige Villen stehen und Großgrundbesitzer Ländereien mit Tausenden von Olivenbäumen besaßen. Ca. 20 km geht es von L'Île-Rousse durch das herrliche Vallée du Reginu hinauf nach Belgodère. Viele Gassen der nahen Dörfer wie Speloncato, Pigna oder Sant'Antonio sind gut zu Fuß zu erkunden, zumal es hier mit dem Auto ohnehin meist nicht weitergeht.

 Sehenswert

Église Saint-Thomas
| Kirche |
Das Gotteshaus von 1270 birgt eine Büste der Madonna col Bambino, ist aber nur unregelmäßig geöffnet.
■ Place de l'Église

Château Malaspina
| Schloss |
Sehenswert ist der verwilderte Oliven- und Orangengarten des ansonsten wenig attraktiven Châteaus (1892), der bis an die südliche Ortseinfahrt grenzt. Eine Treppe führt zu den frei zugänglichen Terrassen. Im Schloss führt die Gemeinde Veranstaltungen durch.

Bocca di San Colombano
| Landschaft |
Ein toller Blick auf die Haute-Balagne und den Osten belohnt für die zahlreichen Serpentinen zur Bocca di San Colombano. Der Col de San Colombano ist mit 722 m Höhe fast ein Gebirgspass.
■ Östl. über die RT 301

 Restaurants

€ | **Café de France** Von engagierten Damen geführtes Bistro mit Lokalkolorit und netter Terrasse. Im Angebot sind auch vegetarische Gerichte. ■ Place Central, tgl. bis 19 Uhr

€ | **Café de la Paix** Hier wechseln sich je nach Saison Muschelgerichte, Couscous oder Gemüsesuppen ab. ■ Place Central, tgl. bis 19 Uhr

 Einkaufen

Glaskunst Im Atelier Vetrarte von Jocelyne Boyer oberhalb der Place de l'Église entstehen hübsche Objekte aus Glas. ■ Place de l'Église, Tel. 0683/590771, www.atelier-vetrarte.fr

 Events

Montagnes des Orgues Die Kirchen der kleineren Dörfer locken mit sommerlichen Orgelkonzerten, so etwa in der Église Saint-Michel de Speloncato hoch über Belgodère. Weitere Infos zu Konzerten erhält man im Tourismusbüro von L'Île-Rousse bzw. im Café de la Paix. ■ www.balagne-corsica.com

 In der Umgebung

Road- oder Biketrip durch die Balagne
| Landschaft |

 Ein wunderbarer kleiner Abstecher in die verträumte Balagne

Wie vielseitig die Balagne ist, beweist diese Route quer durchs Hinterland. Los gehts auf der D71 nördlich von L'Île Rousse in Losari. Hinter Belgodère häufen sich die Weitblicke in Richtung Meer. Ein Blick vom Adlernest Speloncato verrät viel über die einstige Unzugänglichkeit des Hinterlandes. Über Nessa und Muro gelangt man nach Aregno mit der pisanischen Kirche aus farbigem Granit. Schließlich geht es über Corbara zurück nach L'Île-Rousse.

Übernachten

Geprägt von der Silhouette der großartigen Berge im Inland, gibt es an dieser bezaubernden Küstenlandschaft eine ausgezeichnete Auswahl an Unterkünften in begehrten Ortschaften – mal mit Meerblick, mal mit Sicht auf üppiges Hinterland. Und selbst von den betagten historischen Zentren genießt man immer wieder Panoramablicke. Komfortable Hotels und B & Bs mit verschiedenem Standard sind schnell gefunden. Wer früh bucht, hat hier die beste Auswahl.

Sagone 150

€–€€ | Apartments Chez Bruschi Sechs praktisch eingerichtete Häuser (2–6 Pers.) mit Garten und Blick auf den Wald am oberen Ortsrand. Delphine Bruschi hat viele gute Tipps, um die Regionen zu erkunden. ■ Zu mieten über www.interchalet.com

Cargèse 151

€ | Hôtel Cyrnos Freundliche und helle Gästezimmer, nach hinten mit Blick auf das alte Zentrum und beide Kirchen bietet das in der Nebensaison durchweg kostengünstige Hotel. Die wenigen Zimmer mit Meersicht sind schnell vergriffen. Reservierung empfohlen. ■ Rue de la République, 20130 Cargèse, Tel. 04 95/26 49 47, www.hotel-cyrnos.torraccia.com

Porto 152

€–€€ | Hôtel Corsica Linker Hand vor dem Zentrum von Porto, umgeben von alten Eukalyptusbäumen und einem Garten mit Pool. Es gibt Zimmer und Studios mit Kochnische und ein Restaurant. ■ Route de la Marine, 20150 Porto, Tel. 04 95/26 10 89, www.hotel-corsica-porto.com

Calvi 156

€–€€ | Le Magnolia Viel Charme mit einem ruhigen alten Garten mitten im Zentrum versprüht diese Unterkunft. Das Gartenrestaurant bietet gute korsische und französische Küche. Antiquitäten zieren viele Räume. Leicht versteckt gegenüber dem Marché couvert. ■ Rue Alsace-Lorraine, 20260 Calvi, Tel. 04 95/65 19 16, www.hotel-le-magnolia.com

Calenzana 160

€ | Bel Horizon Bei Wanderern gut bekannt ist das einfache Hotel mit zwölf Doppelzimmern und Etagentoilette. Einige Zimmer sind für vier bis fünf Personen ausgelegt. ■ Place Prince Pierre 4, 20124 Calenzana, Tel. 04 95/62 71 72, www.calenzana.com

Lumio 161

€ | Gîtes U Cannetu Wenige Minuten vom Ortskern entfernt befindet sich diese modern und komfortabel gestaltete Gîte mit kleinem Swimmingpool und einer Panoramaterrasse. ■ Ca. 1 km von Lumio und dem Meer entfernt, 20260 Lumio, Tel. 06 14/02 72 80, www.gitelumio.com.sitew.com

Pigna

€–€€ | A Casa Musicale – Auberge des Arts Handwerkliches Können zeigt sich hier im Detail: Die farbliche Gestaltung der neun Gästezimmer und das Mobiliar sind erkennbar aufeinander abgestimmt, alte Gewölbe unterstreichen den kreativen Charme. Große Panoramaterrasse. ■ 20220 Pigna, Tel. 04 95/61 77 31, www.casa-musicale.org

€€ | Palazzu Einige wenige, individuell eingerichtete Zimmer und Suiten. Dominique, der Inhaber, weiß um das Wohl seiner Gäste: Seine Küche serviert feine und frische mediterrane Gerichte. Abends finden regelmäßig Konzerte statt. Es gibt eine Panoramaterrasse nach Süden. ■ 20220 Pigna, Tel. 04 95/35 16 47, www.palazzu.com

L'Île-Rousse

€ | Résidence San Antoine Attraktive, gut ausgestattete kleine Apartmentanlage mit Terrasse in ruhiger und erhöhter Lage. Preiswerte Angebote für Familien in der Nebensaison. ■ Zu buchen über www.interchalet.com

€–€€ | Funtana Marina Im höheren Ortsteil Monticello gelegen, mit toller Sicht auf die Stadt. Attraktive Angebote in der Nebensaison. Mit Pool und Garten. ■ Route de Monticello, 20220 L'Île-Rousse, Tel. 04 95/60 16 12, www.hotel-funtana.com

Belgodère

€€ | Couvent de Tuani Das ehemalige Konvent mit verträumtem Ambiente bietet Räume für Seminare sowie ein kleines Haus bzw. eine ehemalige Mühle im Tal, den Moulin de Centu Mezzini. ■ Nahe Ville di Paraso, 20279 Costa, Tel. 06 26/76 55 63, www.location-corse-maison.com

€€ | Hôtel Le Niobel Eine Reihe heller Zimmer in einem ansprechenden Ambiente. Das Restaurant bietet mediterrane Küche und gute Weine der Region. Dazu gibt's eine schöne Terrasse. ■ Lieu-dit Rimessa, 20226 Belgodère, Tel. 04 95/61 34 00, www.leniobel.com

ADAC *Das besondere Hotel*

Die ausgefallene, zum Teil modern gestaltete Unterkunft **Chambres d'hôtes U Castellu** mit schönen Kunstwerken in einem alten Stadthaus verfügt über sechs kreativ eingerichtete, helle Zimmer in unterschiedlichen Größen, die von einem Salon zu einer Terrasse im zweiten Stockwerk führen. Der herrliche Blick auf die alte Piazza erinnert an Erzählungen von Victor Hugo. *€–€€ | Place U Castellu, 20220 Algajola, Tel. 06 24/40 04 20, www.ucastelluchambresdhotes.com*

Die exotischste
Zutat?

**Deine
Neugier.**

G|U

VIETNAM

TAJINE

**TEX-MEX
KÜCHE**

**So gut schmeckt
die Welt.**

Koch dich einmal um den
Globus mit der erfolgreichsten
Kochbuchreihe der Welt und
aufregenden Ideen für Köstlich-
keiten aus aller Herren Länder.
Für dein leckerstes Ich.

**Überall, wo es Bücher und E-Books
gibt, und auf www.GU.de**

ADAC *Service Korsika*

Beim **ADAC Infoservice**, in den **ADAC Geschäftsstellen** sowie auf dem **Internetportal des ADAC** (adac.de) erhalten Sie Informationen zu den Dienstleistungen des Automobilclubs und zu Ihrem Reiseziel. Als **ADAC Mitglied** können Sie zudem das kostenlose **ADAC Tourset® Korsika** mit vielen Reiseinfos und Karten anfordern oder die **TourSet App** auf dem **Smartphone** oder **Tablet-PC** installieren (adac.de/toursetapp).

Rufen Sie bei Notfällen und Pannen den **ADAC Notruf** bzw. den **ADAC Auslandsnotruf** an. Unser Team steht Ihnen rund um die Uhr zur Verfügung.

ADAC Infoservice

T 0 800 51 0 11 12
Infos zu allen ADAC Leistungen
(Mo–Sa 8–20 Uhr, gebührenfrei)

ADAC Pannenhilfe Deutschland

T 089 20 20 4000, Mobil 22 22 22
(Verbindungskosten je nach
Netzbetreiber/Provider)

ADAC Ambulanzdienst

T 089 76 76 76
(Erkrankung, Unfall, Verletzung,
Transportfragen, Todesfall)

ADAC Pannenhilfe Ausland

T +49 89 22 22 22
(Verbindungskosten je nach
Netzbetreiber/Provider)

Internet-Serviceangebote des ADAC für Ihre Reiseplanung

Service	Webadresse
Aktuelle Verkehrslage	adac.de/verkehr
ADAC Routenplaner	adac.de/maps
Infos zu Tankstellen und Spritpreisen	adac.de/tanken
Infos zu mautpflichtigen Strecken	adac.de/maut
Infos zu Fährverbindungen	adac.de/faehren
ADAC Tourmail (Aktuelle Infos vor Anreise)	adac.de/tourmail
Informationen für Camper	adac.de/camping
Informationen für Motorradfahrer	adac.de/motorrad
Informationen für Segler und Skipper	adac.de/sportschifffahrt
ADAC Reiseangebote	adacreisen.de
ADAC Autovermietung	adac.de/autovermietung
ADAC Versicherungen für den Urlaub	adac.de/versicherungen
Weltweite Preisvorteile für ADAC Mitglieder	adac.de/vorteile-international

Diese **Produkte des ADAC** könnten Sie interessieren: **ADAC Reiseführer Sizilien**, **ADAC Reiseführer Sardinien** und **ADAC Campingführer Südeuropa** – erhältlich im Buchhandel, bei den ADAC Geschäftsstellen und in unserem ADAC Online-Shop (adac.de/shop).

Anreise und Einreise

Auto und Fähre

Korsika wird ganzjährig von den Häfen Livorno, Savona, Genua (Bastia) und Marseille (Ajaccio, Bastia, L'Île-Rousse, Porto-Vecchio) angelaufen; saisonal auch von Piombino, Portoferraio auf Elba, Porto Torres auf Sardinien sowie von Toulon und Nizza. Die Linien sind **Corsica Ferries**, **Moby Lines** und **La Méridionale**. Der Marktführer Corsica Ferries hat viele attraktive Angebote bei früher Buchung. Alle aktuellen Abfahrtzeiten findet man im Imternet (www.corsica-ferries.de, www.mobylines.de, www.lameridionale.fr).

Bahn und Bus

Gute Bahnverbindungen bestehen über Zürich und München zu den Häfen von **Livorno** oder **Genua**. Fahrzeit: zwischen acht und zehn Stunden, Sparpreis ab 29 € (www.bahn.de und www.trenitalia.com). Auch einige Fernbusse fahren Genua an. Mit dem Flixbus (www.flixbus.de) geht es etwa in 18 Stunden von Berlin nach Genua (ab ca. 60 €). Von Genua verkehren in den Sommermonaten täglich zahlreiche Schiffsverbindungen.

Flugzeug

Direktflüge nach **Bastia**, **Calvi**, **Ajaccio** und **Figari** veranstalten zwischen April und September mehr als zehn europäische Fluggesellschaften, u.a. Eurowings (mit großem Angebot ab Berlin, Hamburg, Wien etc.), Easyjet oder Lufthansa. Flugzeit ca. 60–120 Min. Der Flughafen Bastia-Poretta liegt ca. 21 km südlich von Basta (www.bastia.aeroport.fr). Der Flughafen Calvi befindet sich ca. 6,9 km südöstlich der Stadt (www.calvi.aeroport.fr).

7 km östlich von Ajaccio erstreckt sich mit dem Aéroport d'Ajaccio Napoléon Bonaparte der Flughafen von Korsikas Hauptstadt (www.2a.cci.fr).
Auf www.atmosfair.de kann jeder Reisende durch eine Spende für Klimaschutzprojekte die CO_2-Emissionen seines Flugs kompensieren.

Einreise und Dokumente

Deutsche, Österreicher und Schweizer benötigen für die Einreise nach Korsika bzw. Frankreich als Mitglied im Schengenraum nur einen gültigen **Personalausweis** (oder Reisepass). Alleinreisende Minderjährige brauchen eine amtlich beglaubigte Einverständniserklärung der Eltern; Kinder, abhängig vom Alter, einen eigenen Reisepass oder Personalausweis. Wir empfehlen, vor Reiseantritt eine Fotokopie oder einen Scan der Reisedokumente aufs Handy zu laden und diese getrennt von den Originaldokumenten aufzubewahren, um bei Verlust abgesichert zu sein. Wer mit dem eigenen Auto unterwegs ist, sollte neben dem Kfz-Schein die Internationale Grüne Versicherungskarte mit sich führen.

Auto und Straßenverkehr

Mit Ausnahme der kurzen Abschnitte an Schnellstraßen zwischen Corte und der Westküste, Bastia oder Ajaccio gibt es vor allem kurvenreiche Strecken, viele Steigungen und schmale Gebirgsstraßen. An der Ostküste finden sich längere gerade Abschnitte, die ein relativ zügiges Vorankommen erlauben. Auch wenn die Einheimischen sich flott bewegen, ist es ratsam, sich nicht bedrängen zu lassen. So benötigen auch relative kurze, aber kurvenreiche Strecken oft ihre Zeit.

Verkehrsvorschriften

Da die Korsen, an ihrem Nummernschild an den Zahlen 2A/2B zu erkennen, sich gern schnell bewegen, empfiehlt sich eröhte Vorsicht, besonders nachts und in den Bergen. Bei Panne oder Unfall besteht eine Tragepflicht für **Warnwesten**. Diese und Alkoholtestgeräte (erhältlich u.a. in Tankstellen) sind im Wagen mitzuführen. Die **Promillegrenze** liegt bei 0,5 mg/ml. Die Polizei ist eher selten zu sehen, dennoch greift sie hart durch und führt nahe der größeren Städte oft Geschwindigkeitskontrollen durch.

Tempolimits in Frankreich

Straße	Tempolimit
Schnellstraße	max. 110 km/h
Landstraße	max. 90 km/h
Ortschaft	max. 50 km/h

Tanken

Kraftstoff ist in Frankreich etwas teurer als in Deutschland oder Österreich. Für 1 l Super zahlt ein Autofahrer rund 1,50 €, Diesel liegt im Preis ca. 10 Cent darunter. **Tankstellen** in den großen Städten sind in der Regel 24 Stunden geöffnet, die übrigen meist Mo–Fr 7–12.30 und 14–19 Uhr (Sa, So und auf dem Land oft geschlossen). Viele Tankstellen verfügen über automatische Zapfsäulen (Bargeld und/oder EC-/Kreditkarte).

Parken

In der Feriensaison herrscht chronischer **Parkplatzmangel**. Generell hilft es, sich bereits am Orts- und Stadteingang auf die Suche zu begeben.

Maut

Während in Frankreich die Autobahnen generell mautpflichtig sind, ist das autobahnfreie Straßennetz auf Korsika komplett **mautfrei**.

Unfall

Nach einem Unfall sofort die Unfallstelle absichern und Erste Hilfe leisten, bei Personenschaden unbedingt die **Polizei** verständigen (Notruf: 112). Die **Notrufzentrale des ADAC** erreichen Sie bei Fahrzeugpannen und -unfällen unter Tel. +49/89 22 22.

 ### Barrierefreies Reisen

Busse und Züge sind auf der Insel leider noch nicht barrierefrei. Obendrein sind der Zug auf den Hauptstrecken der Insel und die Tramway im Sommer überfüllt. Viele **Strände** an der Ostküste sind hingegen barrierefrei und auch für Rollstuhlfahrer konzipiert. Mehr Infos unter www.mobilista.eu.

 ### Biologische Landwirtschaft

Eine Vorzeigefunktion ist in vielen Regionen der Insel längst Realität: Wein, Olivenöl, Honig, Käse, Gemüse sowie die Tierhaltung genügen ökologischen Kriterien. Und mehr Anbieter kommen hinzu. »**Bio di Corsica**« ist ein Label, das geringe Entfernungen zur Produktion und eine biologisch kontrollierte Landwirtschaft unterstützt. Ein Heft liefert Adressen (www.interbiocorse.org).

 ### Diplomatische Vertretungen

Auslandsvertretungen können bei Verlust einen Ausweis zur Rückkehr ins Heimatland ausstellen. Bei Geldverlust vermitteln sie Kontakte zu Verwandten oder Freunden, bei Bedarf auch Hilfe bei der Suche nach einem Anwalt, Arzt oder Dolmetscher vor Ort.

Botschaft der Bundesrepublik Deutschland
◼ Rue Marbeau 24, 75116 Paris, Tel. 01 53 83 45 00, www.allemagne.diplo.de

Deutsches Konsulat
◼ Rue Abbatucci 2, 20200 Bastia, Tel. 06 14/52 35

Botschaft der Republik Österreich
◼ Rue Fabert 6, 75007 Paris, Tel. 01 40 63 30 63, www.amb-autriche.fr

Österreichisches Honorarkonsulat
◼ Rue Bonaparte 10, 20000 Ajaccio, Tel. 04 95/27 02 98, www.aussenminis terium.at

Botschaft der Schweizerischen Eidgenossenschaft
◼ Rue de Grenelle 142, 75007 Paris, Tel. 01 49 55 67 00, www.eda.admin.ch

Schweizer Generalkonsulat
◼ Rue d'Arcole 7, 13291 Marseille, Tel. 04 96/10 14 10, www.eda.admin.ch

 Einkaufen und Märkte

Sehr populär sind die **Wochenmärkte** auf Korsika. Hier kommen beste handwerkliche Produkte auf die Tische und natürlich alle nur erdenklichen kulinarischen Genüsse der Insel. Obst, Gemüse und Fleisch kaufen die Korsen auch auf den geschlossenen Tagesmärkten, dem »marché couvert«. Infos: www.markttagfrankreich.com/wochen markt/2a-markttag-corse-du-sud.php.

Feiertage

1. Januar: Jour de l'An, Ostermontag: Lunedi de Paques, 1. Mai: Fête du Travail (Tag der Arbeit), 8. Mai: Fête de la Vic-toire (Kriegsende 1945), Pfingstmontag: Lunedi de Pentecôte, 14. Juli: Fête Nationale de la France (Nationalfeiertag), 15. August: Assomption (Mariä Himmelfahrt), 1. November: Toussaint (Allerheiligen), 11. November: Armistice (Waffenstillstand von 1918), 25. Dezember: Noël (Weihnachten).

 Geld und Währung

Frankreichs Währung ist der Euro. **Banken** sind Mo–Fr zwischen 8.30–12 und 14–16.30 Uhr geöffnet. Bankautomaten (»DABs«) funktionieren mit Bank- oder Kreditkarten. **EC- und Kreditkarten** werden in aller Regel akzeptiert; in ländlichen Gegenden zahlt man jedoch in vielen Fällen nur mit Bargeld. Allgemeine Sperrnummer bei Kartenverlust: Tel. +49/11 61 16.

Kosten im Urlaub
(durchschnittliches Preisniveau)

Espresso	2 €
Cappuccino	3 €
Softdrink (Limonade)	2,50 €
Glas Bier (0,4 l)	3–4 €
Glas Wein (0,1 l)	2 €
Hauptgericht (Restaurant)	12 €
Eintritt staatl. Museum	2–10 €
Mietwagen/Tag	ab 30 €

 Gesundheit

Die **Europäische Krankenversicherungskarte** (EHIC) berechtigt in öffentlichen Krankenhäusern und bei Vertragsärzten zu einer kostenlosen Behandlung. In vielen Orten sprechen Ärzte auch Englisch oder Deutsch. Gebühren fallen für Sonderbehandlun-

Festivals und Events

März und April

Karfreitag – Unter den überall stattfindenden Karfreitagsprozessionen
ist die Catenacciu-Prozession von
Sartène besonders eindrucksvoll.

Mai

A Fiera di u Casgiu – Auf dem
Käsefest in Venaco bei Corte werden lokale Produkte kredenzt.

Journey Medievales (Pfingsten) –
Mittelaltertage in Bonifacio.

Juni

Saint Érasme (2. Juni) – Fest zu
Ehren des Patrons der Seeleute
mit Hafenprozessionen in Ajaccio,
Bastia, Propriano, Bonifacio.

Cavall in Festa (Mitte Juni) –
Pferdefest in Corte.

Umzug zu Napoleons Geburtstag

Festival de jazz Ajaccio (Ende Juni)
– Die Stimmung auf diesem Jazzfes-
tival ist mitreißend und einzigartig.
www.jazzinaiacciu.com

Juli

Calvi on the Rocks (1. Juliwochen-
ende) – Der Strand wird zu einer
großen Partyfläche. www.calvi
ontherocks.com

Les Nuits de la Guitarre (Mitte Juli)
– Gitarrenfestival mit internationalen Interpreten in Patrimonio. www.
festival-guitare-patrimonio.com

Festivoce de la Balagne – Musikfestival in L'Île-Rousse, Calenzana,
Pigna und anderen Städten.

August

Festival du Film Lama (Anf. Aug.) –
Dokumantarfilmfest unter freiem
Himmel in Lama, Nebbio.

Geburtstag Napoleons (12.–
15. Aug.) – Großes Fest mit Ab-
schlussfeuerwerk am 15. Aug.

Foire de la Noisette – Das Festival
der Haselnuss in Cervione findet
rund um den 15. Aug. statt.

September

A Fiera di u Casgiu (Anf. Sept.) –
Klassisches Musikfestival in Porto,
Bonifacio u. a. Orten des Südens.

**Recontres de Chants Polypho-
niques** (Mitte Sept.) – Polyphones
Musikfestival auf der Zitadelle von
Calvi mit Ensembles aus aller Welt.

Settembrini di Tavagna (Mitte
Sept.) – Musikfestival in Tavagna.
www.tavagna.com

Oktober

Musicale de Bastia – Musik- und
Tanzfestival in Bastia.

gen und Besuche bei Spezialisten an. Sie müssen in der Regel sofort und bar bezahlt werden, eventuell werden diese Kosten im Heimatland gegen Vorlage der Quittung erstattet. Eine private **Auslandskrankenversicherung** gibt zusätzliche Sicherheit, da deutsche Krankenkassen beispielsweise keine Krankenrücktransporte übernehmen. Apotheken haben in der Regel Mo–Sa 8.30–13 und 15–19 Uhr geöffnet. In großen Orten hat nachts und sonntags turnusmäßig eine Apotheke geöffnet.

Haustiere

Es sollte eine gültige **Tollwutimpfung** nachgewiesen und ein **Impfpass** mitgeführt werden. Das Tier muss mittels Tätowierung oder Mikrochip identifizierbar sein, und die Kennzeichnungsnummer muss im Pass stehen. In manchen Restaurants sind (große) Hunde nicht gern gesehen. An die Strände dürfen sie nicht – zumindest nicht in der Hauptsaison. Es finden sich aber eigene Strände für Hundefreunde.

Information

Das Internetportal für den Tourismus auf Korsika ist www.visit-corsica.com. Adressen der jeweiligen **Touristenbüros** siehe bei den einzelnen Kapiteln, die großen Büros sind in den Sommermonaten durchgehend geöffnet.

Klima und beste Reisezeit

Die Hauptreisezeit sind die Monate Juli und August mit Temperaturen teilweise über 30 °C. Für Wanderungen und andere sportliche Aktivitäten eignen sich bestens April bis Juni und September bis Anfang Dezember. Der

Herbst ist eine schöne Reisezeit wegen der hübschen Laubfärbung der Wälder, die Weinernte findet bereits ab Mitte September statt. Im Frühjahr überwältigt der Duft der mediterranen Macchia, während an den Gipfeln noch Schneewanderungen möglich sind.

Klimatabelle Ajaccio

Monat	Luft (°C) min/ max	Wasser °C	Sonne (h/ Tag)	Re- gen- tage
Jan.	4/13	14	4	9
Feb.	4/14	13	5	9
März	5/15	14	6	8
April	7/17	15	8	7
Mai	11/21	16	9	6
Juni	14/25	20	9	3
Juli	16/28	23	12	1
Aug.	17/28	24	11	2
Sept.	14/25	23	9	4
Okt.	11/22	21	7	7
Nov.	8/18	18	5	9
Dez.	5/14	15	4	9

Nachtleben

Seitdem der erste Nachtclub Chez Tao 1935 in der Zitadelle von Calvi eröffnete, hat sich eine veritable **Nachtszene** entwickelt. Hotspots befinden sich in Porto-Vecchio und in der Region um Ajaccio sowie in der Nachbarschaft der Feriendörfer der Ostküste (www. vianotte.com).

Notfall

Wählen Sie in Notfällen immer die gebührenfreie europäische **Notrufnummer 112** (unter dieser Nummer erhalten Sie Hilfe von der Polizei, Feuerwehr, einem Rettungswagen oder Notarzt), Polizei: 17, Notarzt: 15, Feuerwehr: 18. ADAC-Mitglieder können sich in Notfällen rund um die Uhr an den **ADAC Ambulanzdienst** wenden, bei Unfall: Tel. 0049/89/222222, bei Erkrankung/Verletzung: Tel. 0049/89/767676. Bei Bedarf werden Dolmetscher vermittelt.

■ ADAC-Notrufstation Lyon, Tel. 0049/89/22 22 22 (von dort erfolgt eine automatische Weiterleitung nach Lyon)

■ ÖAMTC Schutzbrief-Nothilfe, Tel. 0043/(0)12 51 2000, www.oeamtc.at

■ Touring Club Schweiz (TCS), Tel. 0041/(0)224 17 22 20, www.tcs.ch

Öffnungszeiten

Die Öffnungszeiten der normalen Geschäfte sind nicht einheitlich geregelt, meist Mo–Sa 8 (9)–12 (13) und 15 (16)–19 Uhr. Supermärkte haben oft durchgehend bis 20 Uhr geöffnet. Geschäfte in Urlaubsorten können durchgehend, oft auch bis spätabends offen sein. Restaurants öffnen meist von 12–14.30 und 19–22 Uhr ihre Pforten.

Post

Postämter gibt es in allen größeren Orten. Sie sind Mo–Fr 9–12 und 14–17, Sa 8–12 Uhr geöffnet. Das Porto für eine Postkarte ins Ausland kostet 1,30 €. **Briefmarken** sind in Postämtern und Tabakläden (besonders auf dem Land) erhältlich. Die Briefkästen zum Einwerfen sind gelb, die Post nach Mitteleuropa dauert bis zu einer Woche.

Rauchen und Alkohol

Auch Frankreich hat ein **Rauchverbot** in Restaurants sowie an vielen anderen öffentlichen Orten eingeführt.

Doch die Korsen folgen auch in dieser Hinsicht nicht durchgängig den Festlandfranzosen. Es gibt auch abgetrennte Räume in Restaurants oder Bars für Raucher. Zigaretten und Alkohol sind teurer als in Deutschland. Auch wenn ein regelmäßiger Weingenuss auf Korsika zum täglichen Leben gehört, neigen Korsen nicht zum Exzess: Trunkenheit ist auch in Bars und Diskotheken verpönt.

Sicherheit

Korsika ist trotz seiner Schlagzeilen zu Bombenanschlägen und Familienfehden eine sichere Region, da Raubüberfälle, Übergriffe und Diebstahl selten sind. Dennoch sollten an touristischen Brennpunkten oder in den Bergen keine Wertsachen im Auto gelassen werden. Das offene Handschuhfach signalisiert, dass es nichts zu holen gibt. Vorsichtshalber vor der Reise eine Kopie der Ausweisdokumente anfertigen, Sperrnummer der Kredit- und EC-Karte notieren und gegebenenfalls den Hotelsafe nutzen.

Souvenirs

Kunsthandwerk ist weit verbreitet auf Korsika, und es finden sich besonders in der Balagne und in den größeren Städten zahlreiche Möglichkeiten, Arbeiten aus Keramik, Olivenholz oder Schmuck zu erwerben. Geeignet sind sicherlich auch korsische Köstlichkeiten wie Honig, Olivenöl oder Vin Muscat.

Sport

Aktivurlaub hat in Korsika begeisterte Anhänger. Die Sportmöglichkeiten sind zahlreich, sie reichen vom Wandern auf

dem berühmten G20-Pfad über Kajak-
fahren, Segeln, Surfen, Schnorcheln,
Tauchen, Reiten und Klettern bis zum
Biken auf Pfaden und Bergstraßen.

Kajakfahren und Paddeln

An wichtigen Badeorten werden Pad-
delboote oder Seekajaks verliehen, die
Küste vom Meer aus zu erleben ist ein
großes Erlebnis. Nicht weniger spannend sind über 30 Flüsse mit unterschiedlichem Schwierigkeitsgrad bzw.
saisonal bedingtem Wasserstand. Bekannt sind im Osten der Fiumorbo,
Golo und Tavignano, im Westen der
Taravaro oder Liamone. Zwischen April
und Anfang Juni ist die beste Zeit dafür. Infos erteilt die Fédération Française de Canoë-Kajak (www.ffck.org).

Klettern

Sehr bekannt sind inzwischen die **Aiguilles de Bavella** im Südosten. Das
Tourismusbüro am Col de Bavella (Tel.
04 95/57 43 87) gibt Auskunft über künst-
liche Klettergärten und zum Thema.

Schnorcheln und Tauchen

Kleine und ruhige, von steilen Bergku-
lissen gerahmte Buchten mit großer
Sichttiefe verlocken zum Schnorcheln,
wobei die Westküste aufgrund von
gelegentlichen Strömungen eher für
Fortgeschrittene geeignet ist.
Dort befinden sich auch zahlreiche
Tauchclubs und -zentren, und die
Unterwasserlandschaften sind oft recht
spektakulär. Tauchkurse verlangen ein
aktuelles Gesundheitszeugnis (Fédération Française d'Études et de Sports
Sous-Marins, www.ffessm.fr).

Segeln

Korsika ist eine Domäne der Yachties,
allerdings auch kostspielig, was Liege-
gebühren betrifft. Die Alternative sind
begehrte Ankerplätze in den schönsten Buchten. Das Kap von Bonifacio ist
für guten Wind auch im Sommer bekannt. Mehr Infos über Segelschulen,
und Häfen bei der Fédération Française de Voile (www.ffvoile.org).

Surfen

Surfschulen sind auf der Ferieninsel
weit verbreitet. Gut besucht sind der
Golf von Ajaccio, Santa Giulia, Santa
Monza sowie die flachen Buchten an
der Ostküste bzw. Cargese an der
Westküste der Insel.

Radfahren

Vielleicht sorgt italienisches Blut in
den Adern für die Ambitionen passio-
nierter lokaler Biker – meist auf den
weniger befahrenen Nebenstraßen
mit dem Rennfahrrad. Das hügelige
Hinterland der Region lockt auch viele Bike-Freunde aus dem Norden an.
Zahlreichen Pfade, die durch beeindruckende Landschaften führen, eignen sich besonders für **Mountain-
biking**, hier VTT (»vélo tout terrain«)
genannt. Désert de Agriates, Cap Corse
und Balagne sind besonders reizvoll
per Rad zu entdecken. Weitere Routen
auf www.outdooractive.com und ein
Tourenplaner auf www.bikemap.net
(siehe auch Mobil vor Ort, S. 192).

Reiten

Der Trend zu Pferdehaltung bzw. -ver-
leih ist bei Landunterkünften unge-
brochen. Reitzentren sind zahlreich,
und es gibt gute Möglichkeiten auf
den vielen Pfaden und Pisten der Insel
sein Pferdeglück zu erleben. Man hat
die Wahl zwischen Schnuppertouren
und mehrtägigen Ausritten über das
Netzwerk der **Reiterhöfe**. In Corte sitzt

die ARTEC (Rue Colonel Feracci 7, Tel. 04 95/46 31 74, www.ffe.com).

Wandern

Korsika ist ein Wanderparadies, und so zieht es Naturfreunde besonders im Frühjahr und Herbst in die Regionen des **Parc naturel régional de Corse** und seinen gut kennzeichneten Wanderwegen (GR 20, Mare e Monti Nord/Süd). Natürlich sind auch in anderen Teilen der Insel, die nicht Teil des Parks sind, viele Wanderwege markiert. Gutes Kartenmaterial bieten die lokalen Tourismusbüros. Siehe auch www.visit-corsica.com/de, www.pnr.corsica und www.corse-randos.com.

 Strom und Steckdose

Die Netzspannung beträgt 125 V oder 220 V. Deutsche Stecker passen nicht in alle Steckdosen. Es empfiehlt sich die Mitnahme eines Zwischensteckers.

 Telefon und Internet

Internationale Vorwahlen:
- Frankreich 00 33
- Deutschland 00 49
- Österreich 00 43
- Schweiz 00 41

Vom deutschen Handy ist auf Korsika die gesamte Nummer mit Ortsvorwahl (ohne Null) und Ländervorwahl zu wählen, also etwa: 00 33/491/12 34 56.

Wichtige Internetadressen:
- www.visit-corsica.com, offizielle Seite des KFV mit vielen Adressen und Links
- www.abenteuer-corsica.de, aktuelle Seite zu Sport (Wandern) und Camping
- www.campingcorse.com, gute Übersicht zum Thema Camping
- www.paradisu.ch, Wissenswertes zu Regionen, Stränden etc. (als App)
- www.korsika.fr, Portal mit aktuellen Infos zu Events, Kultur und Regionen
- www.korsika-forum.info, Auskünfte zu Unterkünften, Sport und Kultur
- www.gites-corsica.com, Gesamtverzeichnis der Gästezimmer auf Korsika

 Trinkgeld

In Frankreich gibt es eine gewisse Trinkgeldkultur, und niemand hat etwas gegen einen kleinen Obolus für einen guten Service. Üblich ist es, in einem Café oder einer Bar das restliche Münzgeld auf dem Tisch liegen zu lassen, im Restaurant ist es normal, 5 % bis 10 % Trinkgeld zu geben.

 Umgangsformen

Auf Korsika hat in den letzten Jahrzehnten der Tourismus konservative Verhaltensmuster einer traditionell orientierten Bevölkerung leicht verändert – zumindest in den Küstenregionen. Dennoch blicken die Einwohner mit viel Stolz auf ihre schöne Insel und mögen es nicht gern, servil behandelt zu werden. Gewiss, man lebt gut vom Tourismus, der eine seit Jahrhunderten weitverbreitete Armut beseitigt hat. Wer etwas **Französisch** kann, sollte es anwenden – Sympathiepunkte lassen sich mit ein paar Brocken **Korsisch** machen, das übrigens dem Italienischen recht nahesteht. Ansonsten hilft besonders im Sommer, wo das Warten zur Tagesordnung gehört, etwas Humor. Keineswegs gern ist es gesehen, im Strandoutfit in den Städten und Orten herumzulaufen. Auch in den Restaurants der Badeorte zeigt man sich mittags z. B. mit Hemd und Shorts.

Unterkunft und Hotels

Das große Angebot der Insel an Ferienanlagen, Clubs, Hotels aller Kategorien, vielen Campingplätzen, Gästezimmern oder Berghütten erweitert sich immer noch. Alle zwei Jahre erscheint der nach den Regionen Nord, Ost, Süd, West und Zentrum gegliederten »Guide hebergement«, erhältlich in den Touristenbüros. Wer in den teils auch abgelegenen Gästezimmern unterkommen möchte, dem sei das Verzeichnis der »gîtes« (www.gites-corsica.com) empfohlen. Besonders im Juli und August ist mit hohen Preissteigerungen zu rechnen, trotzdem sind viele attraktive Übernachtungsmöglichkeiten in dieser Zeit lange im Voraus ausgebucht. Die meisten Unterkünfte schließen zwischen Oktober und März.

Ferienwohnungen

Der renommierte Anbieter Interchalet aus Freiburg verfügt über ein anspruchsvolles Angebot an Ferienhäusern und Wohnungen, Agriturismen und Villen, vor allem an der Küste. (Tel. 07 61/21 00 77, www.interchalet.de).

Verkehrsmittel im Land
Bus

Die Insel lässt sich zwar mit öffentlichen Verkehrsmitteln bzw. Bussen erkunden, es verlangt allerdings Geduld. Das Busnetz zwischen den größeren Städten verkleinert sich seit Jahren. Um abgelegene Gebiete und Ortschaften mit dem Bus zu erreichen, muss man viel Zeit für die Fahrt einkalkulieren. Kleine Orte fahren die Busse oft nur zweimal täglich an. Alle wichtigen Verbindungen, Fahrzeiten und Preise unter: www.corsicabus.org.

Mietwagen

Autovermietungen gibt es in den größeren Städten und an den Flughäfen Bastia, Figari, Ajaccio und Calvi. Damit bieten sich gute Möglichkeiten, auch während eines Kurzurlaubs die Insel zu entdecken. Die größten Hotels an der Küste kooperieren mit lokalen Verleihfirmen. Für Mitglieder bietet die **ADAC Autovermietung** günstige Konditionen an. Buchen kann man in allen ADAC-Geschäftsstellen, im Internet oder telefonisch (Tel. 089/76 76 20 99, autovermietung.adac.de,).

Bahn

Die korsische Eisenbahn **CFC** (Chemins de fer de la Corse) führt von Bastia über Corte nach Ajaccio und verkehrt maximal siebenmal täglich in beide Richtungen. In Ponte-Leccia zweigt eine Verbindung nach L'Île-Rousse ab. Im Sommer ist es ratsam, im Voraus zu buchen, da der Andrang groß ist (www.corsicabus.org).

Zollbestimmungen

Innerhalb der **EU** sind Waren für den persönlichen Bedarf abgabefrei, als Richtmengen gelten: 800 Zigaretten, 400 Zigarillos, 200 Zigarren, 1 kg Tabak, 10 kg Kaffee, 110 l Bier, 60 l Schaumwein, 20 l Alkoholika bis 22 % Vol. und 10 l über 22 % Vol. Näheres unter www.zoll.de und www.bmf.gv.at/zoll. Bei der Einreise in die **Schweiz** sind Waren im Gesamtwert von 300 CHF zollfrei. Dabei gelten folgende Freimengen: 250 Zigaretten oder Zigarren bzw. 250 g Tabak, 5 l Alkoholika bis 18 % Vol. und 1 l über 22 % Vol. (www.ezv.admin.ch). Ein Betrag von mehr als 10 000 € (in Bargeld, Schecks, Devisen usw.) muss beim Zoll angemeldet werden.

Die Geschichte Korsikas

3000–2000 v. Chr. Zeugnisse der Megalithkultur entstehen auf der Insel.

Um 565 v. Chr. Griechische Siedler aus Phokaia gründen Alalia (Aléria).

259 v. Chr. Römische Herrschaft.

Ab 3. Jh. Christianisierung der Insel.

5./6. Jh. Mit der Völkerwanderung kommen Vandalen und Ostgoten.

Ab 7. Jh. Arabische Einfälle.

1077 Beginn der pisanischen Regentschaft in den Küstenregionen.

1133 Aufteilung der Insel unter Genua und Pisa durch Papst Innozenz.

1420–1430 Korsika wird ein Lehen des katalanischen Hauses Aragon.

1553–1559 Erste Herrschaft Frankreichs.

15.–18. Jh. Trotz wiederholter Aufstände setzt sich Genua durch.

1729 Beginn des Unabhängigkeitskampfes gegen die Genuesen.

1736 Theodor von Neuhoff regiert für sieben Monate als König von Korsika.

1755–1769 Der Nationalheld Pasquale Paoli lenkt die Geschicke der Insel, benennt Corte zur Hauptstadt und gründet die Universität.

1768 Genua tritt die Insel endgültig an Frankreich ab, und Korsika verliert nach der Schlacht von Ponte Nuovo seine Unabhängigkeit.

1769 Napoleon kommt im nun französischen Ajaccio zur Welt.

1794 Kurzzeitige britische Okkupation der Insel unter Lord Nelson.

Ab 19. Jh. Eine langsame wirtschaftliche Entwicklung setzt ein.

1942/1943 Deutsch-italienische Besetzung; Befreiung und Ausrottung der Malaria durch amerikanische Truppen.

1970 Korsika wird in zwei Départments aufgeteilt.

1972 Eröffnung des Parc naturel régional de Corse.

1976 Die »Front de Libération Nationale de la Corse« (FLNC) verübt Bombenanschläge und versucht die Unabhängigkeit zu erzwingen.

1991 Die Insel erhält einen besonderen Status mit gewählter Versammlung und Exekutivregierung.

1998 Ermordung des Präfekten Claude Érignac aus Paris.

2014 Nach Hunderten von Anschlägen kündigt die FLNC das Ende des bewaffneten Kampfes an.

2015 Die nationalistische Bewegung »Pè a Corsica« gewinnt in den Regionalwahlen mit absoluter Mehrheit.

2017 In der Saison kommen bis 1. November 2017 über 2,6 Mio. Besucher.

2018 Das Bündnis »Pè a Corsica« unter Gilles Simeoni gewinnt erneut mit 56 % der Stimmen.

2019 Beim zweiten Besuch von Macron auf Korsika nehmen 160 Bürgermeister und Politiker teil.

König Theodor I. von Korsika (1736)

Französisch für die Reise

Das Wichtigste in Kürze

Ja/Nein	*Oui/Non*
Bitte/Danke	*S'il vous plaît/Merci*
Hallo!/Auf Wiedersehen!	*Salut!/Au revoir!*
Guten Morgen!/Guten Tag!	*Bonjour!*
Guten Abend!/Gute Nacht!	*Bonne nuit!*
Mein Name ist ...	*Je m'appelle ...*
Entschuldigung!	*Pardon!/Excuse(z)-moi!*
Achtung!/Vorsicht!	*Attention!*
Ich verstehe Sie nicht.	*Je ne vous comprends pas.*
Wie viel kostet das?	*Cela coûte combien?*
Damen/Herren	*femmes/hommes*
geöffnet/geschlossen	*ouvert/fermé*
gestern/heute/morgen	*hier/aujourd'hui/demain*
Wie viel Uhr ist es?	*Quelle heure est-il?*
Wo ist ...?	*Où se trouve ...?*
Wie weit ist ...?	*A quelle distance d'ici se trouve-t-il?*
Ist das der Weg nach ...?	*Est-ce que c'est le chemin pour ...?*
Nord/Süd/West/Ost	*nord/sud/ovest/est*
Ich möchte ...	*Je voudrais ...*
Die Rechnung, bitte	*L'addition, s'il vous plaît*
Restaurant	*restaurant*
Auto	*voiture*
Super/bleifrei/Diesel	*super/sans plomb (=SP)/gasoil*
Tankstelle	*station d'essence*
Panne	*panne*
Hilfe!	*Au secours!*
Fahrrad	*bicyclette*
Bahnhof	*gare*
Busbahnhof	*gare de bus*
Flughafen	*aéroport*
Ausweis	*carte d'identité*
Bank/Geldautomat	*banque/distributeur de billets*
Arzt	*médecin*
Apotheke	*pharmacie*
Lebensmittelgeschäft	*épicerie*
Tourismusbüro	*office de tourisme*

Wochentage

Montag	*lundi*
Dienstag	*mardi*
Mittwoch	*mercredi*
Donnerstag	*jeudi*
Freitag	*vendredi*
Samstag	*samedi*
Sonntag	*dimanche*

Zahlen

1	*un*	8	*huit*
2	*deux*	9	*neuf*
3	*trois*	10	*dix*
4	*quatre*	11	*onze*
5	*cinq*	12	*douze*
6	*six*	100	*cent*
7	*sept*	1000	*mille*

Hinweise zur Aussprache

ai	wie ›ä‹, Bsp.: lait
au	wie ›o‹, Bsp.: auto, gauche
eu	wie ›ö‹, Bsp.: peu, deux
ou	wie ›u‹, Bsp.: rouge
ue	wie ›ü‹, Bsp.: rue, avenue
c	vor ›e‹ und ›i‹ wie ›s‹, Bsp.: ce, cide
c	vor ›a‹ und ›o‹ wie ›k‹, Bsp.: cabinet, compagnie
ch	wie ›sch‹ Bsp.: chips
h	am Wortanfang ist immer stumm, Bsp.: hommage
g	vor ›e‹ und ›i‹ wie ›dsch‹, Bsp.: gentille, gilet
gn	wie ›nj‹, Bsp.: cognac, agneau
p, s, t	am Wortende meist stumm, Bsp.: trop, très, mot
-tion	bei dieser Silbe ›t‹ wie ›s‹, Bsp.: nation
q, qu	wie ›k‹, Bsp.: coq, qui
v	wie ›w‹, Bsp.: vie
z	wie ›s‹, Bsp.: zéro

Register

Register

Bildnachweis

Titel: Die mittelalterliche Oberstadt von Bonifacio
Foto: **Getty Images** (Andreas Prott/EyeEm)

AdobeStock: Samuel B 7.2; lisa 8.2; fotografiche.eu 60.1; seb hovaguimian 63.2; scesareo 78; Uwalthie Pic Project 92; bolga2b 95; Martin 98; laugrim16 120; Laurent Prat 160; allard1 185 – **Alamy Stock Photo:** Jon Arnold Images Ltd 149.1 – **Getty Images:** Lonely Planet Images/Stephane Victor 20; AFP 42; De Agostini Editorial 49; Lonely Planet Images/Witold Skrypczak 56, 57 – **Huber Images:** Olimpio Fantuz 6/7; Christian Bäck 14/15, 58/59; Claudio Cassaro 22; Franco Cogoli 25 – **I. Lucarelli:** CC BY-SA 3.0 43 – **laif:** Michel Cavalier/hemis.fr 23, 33; Jean-Daniel Sudres/hemis 29; Aurelien Brusini/hemis 35; Paul Hahn 37 – **Look:** age fotostock 19, 44, 47; Hemis 26; Konrad Wothe 32, Mirau, Rainer 144 – **Lutz Redecker:** 50, 89 – **mauritius images:** Bildverlag Bahnmüller/imageBROKER 8.1; Uwe Kazmaier/imageBROKER 9, 51; CuboImages 24; Chris Lewington/Alamy 27; Otto Stadler/imageBROKER 28; Norbert Eisele-Hein/imageBROKER 34; Panther Media GmbH/Alamy 36; Witold Skrypczak/Alamy 45, 166; robertharding 55; Antony Souter/Alamy 61.1, 65, 107.3, 147; Jonathan Little/Alamy 61.2; Naeblys/Alamy 65.2; Dirk Renckhoff/Alamy 72; Jörg Dauerer/imageBROKER 73; Walter Bibikow 81; Dirk Renckhoff/imageBROKER 86; Didier Zylberyng/Alamy 91.1; Rene Mattes 112; Christophe Boisvieux/Alamy 123; Clive Tully/Alamy 125.1; Florian Neukirchen/Alamy 127.1; Jürgen Weginger/Alamy 165; Royer Philippe/Sagaphoto.com/Alamy 192.2 – **picture alliance:** ullstein bild/Archiv Gerstenberg 184 – **Shutterstock.com:** bensliman hassan 7.1, 96; Evannovostro 8.3, 118, 133, 137, 140/141; stockphoto-graf 10/11; Dusan Zidar 11; Eva Bocek 16/17, 31; nokturn 18; Lukas Hodon 21, 108/109; Allard One 30, 162; gdefilip 38; John Laidler 39; Pecold 40, 127.3; RnDmS 41; Samuel Borges Photograph 46; Christiane Bender 48; guenet stephane 52; Naeblys 54, 85, 169; lightpoet 60.2; bodnarviktor 61.3; Stefano Ember 62.1; Pawel Kazmierczak 62.2, 66/67, 75, 151; Natalia Mikhaylina 62.3; Ceri Breeze 63.1; Celine Naegelen 65.3; Rvillalon 70; Jon Ingall 76/77; Anilah 82; Karin Wabro 101; Jfbphoto 102; Henner Damke 107.1; pio3 115; Stephen G Roberts 127.2; edeantoine 128/129; Natalia Paklina 134; miropink 142; Batt'Art 153; Giuma 154; leoks 156/157; Petr Kovalenkov 178; bikemp 192.1 – **stock.adobe.com:** Beboy 12/13 – **www.ucastelluchambresdhotes.com:** 172

Impressum

Umwelthinweis
Dieses Buch ist auf PEFC-zertifiziertem Papier
aus nachhaltiger Waldwirtschaft gedruckt.

Herausgeber: GRÄFE UND UNZER VERLAG
GmbH, Postfach 86 03 66, 81630 München
Leitender Redakteur: Benjamin Happel
Autor: Lutz Redecker
Verlagsredaktion: Silke Tauscher (verantw.),
Gernot Schnedlitz, Nadia Terbrack
Lektorat und Satz: Ewald Tange,
tangemedia, München
Bildredaktion: Iris Kaczmarczyk
Schlusskorrektur: Heidemarie Herzog
Reihengestaltung: Independent Medien
Design, Horst Moser, München;
Eva Stadler, München
Kartografie: Huber Kartografie GmbH,
www.kartographie.de
Herstellung: Mendy Willerich
Druck + Bindung: Drukarnia Dimograf
Sp z o.o. (Polen)

**Ansprechpartner für den
Anzeigenverkauf:**
KV Kommunalverlag GmbH & Co. KG,
MediaCenter München, Tel. 089/928 09 60

**Bei Interesse an maßgeschneiderten
B2B-Produkten:**
roswitha.riedel@graefe-und-unzer.de

Ein Unternehmen der
GANSKE VERLAGSGRUPPE

ISBN 978-3-95689-646-0
1. Auflage 2020

**© 2020 GRÄFE UND UNZER VERLAG
GmbH, München**
ADAC Reiseführer Markenlizenz der ADAC
Medien und Reise GmbH, München

LESERSERVICE
adac@graefe-und-unzer.de
Tel. 00800/72 37 33 33 (gebührenfrei in D, A, CH)
Mo–Do: 9–17 Uhr, Fr: 9–16 Uhr

Aus Gründen der besseren Lesbarkeit wird in
diesem Buch bei Personenbezeichnungen
das generische Maskulinum verwendet. Es gilt
gleichermaßen für alle Geschlechter.

Unterwegs auf Korsika

Fest im Sattel

Eine neue Herausforderung für Biker ist der frisch konzipierte GT20 quer durch die Höhen von Korsika von Bastia nach Porto-Vecchio. Für die zwölf Etappen sollten elf Übernachtungen eingeplant werden. Wer die Tour in Begleitung und mit Gepäcktransport vorzieht, kann den Touroperator Cycling Corisca konsultieren (www.cycling-corsica.fr).

Auf in die Canyons

Bei den inzwischen recht bekannten Wasser-Wanderungen namens »Canyoning«, auf Korsika auch »randonnées aquatiques« genannt, geht es durch grandiose Canyons talabwärts: Abseilen, Abklettern, Springen, Rutschen und Schwimmen ist dabei gefragt. Kenntnisse vermitteln Profis, etwa von XtremSud, die an der Auberge du Col du Bavella oder am Col de Polischellu stationiert sind. Bei den zahlreichen Spots für diesen Sport gibt es alle Schwierigkeitsgrade. Mut ist gefragt!

■ Details unter www.xtremsud.co

Mit der Tramway entlang der Balagne

Von April bis Mitte Oktober rauscht die Tramway de la Balagne über ihre eingleisige Strecke und verbindet Calvi mit L'Île-Rousse. Dabei hält sie an jedem Badestrand entlang der herrlichen Küste, insgesamt 14-mal. Wo keine Passagiere ein- und aussteigen, fährt er weiter – bei Bedarf also klingeln! Für die Strecke braucht man ca. 40 Minuten, die Tramway verkehrt siebenmal täglich.

■ Details unter www.corsicabus.org

Auf alten Gleisen mit dem U Trinichellu

Ob von L'Île-Rousse, Ajaccio, Corte oder Bastia: Der »zitternde Zug« fährt trotz gelegentlicher Ausfälle tapfer vier- bis siebenmal täglich auf der Strecke Ajaccio–Bastia und durchquert dabei unzählige Tunnel und ein berühmtes Viadukt. Zwischen 1890 und 1894 wurde auch die Teilstrecke von Ponte-Leccia in die Balagne bzw. nach Calvi fertiggestellt.

■ Details unter www.corsicabus.org